- 第7位　対話型生成AIによる社会の変化
- 第8位　大雨、猛暑など気象災害
- 第9位　地球温暖化の現状
- 第10位　国連はウクライナ問題を解決できず
- 第11位　マイナンバーカードをめぐるトラブルが続出
- 第12位　日本の防衛問題（反撃能力保有など）
- 第13位　フィンランドがNATO（ナトー）に加盟
- 第14位　関東大震災から100年、地震・津波対策
- 第15位　2024年7月に新紙幣を発行予定
- 第16位　新型コロナウイルス感染症の扱いを「5類」に
- 第17位　外国人観光客数が回復
- 第18位　こども家庭庁が発足
- 第19位　物流2024年問題
- 第20位　再生可能エネルギーの利用推進

G7広島サミット3日目の2023年5月21日、岸田首相とともに、インドをはじめとする招待国の首脳らも広島平和記念公園内にある原爆資料館を訪問した

第1位 G7広島サミットが開催

p.8

第2位 インドの人口が世界一に

インドの主要都市の1つであるコルカタの混雑した市場で買い物を楽しむ人々（2023年5月撮影）

p.48

第3位 ジェンダー平等、LGBT理解増進法の成立

p.36

第4位 福島第一原発の処理水を海洋放出

東京電力福島第一原子力発電所の敷地内に並ぶ、処理水が入ったタンク群（2023年1月撮影）

p.72

第5位 物価の上昇が国民生活を圧迫

レギュラーガソリンの価格が1リットル当たり195円になったことを示すガソリンスタンドの表示（2023年9月6日、東京都港区で）

p.22

第6位 2022年の出生数が80万人割れ

p.78

私立中学校の先生に聞きました 小学生に知っておいてほしいニュース TOP20

受験生へのメッセージ！

● 時事問題で問われるのは、教科書に「解答」の出ていない問題です。教科書で勉強しておしまいにするのではなく、それを自分の問題としてとらえることや、今、自分の身の回りで起こっている問題に「なぜだろう」と問いかける姿勢が大切です。時事問題を出題するのは、その姿勢や意欲を持った人に入学してもらいたいからです。
（大阪府　四天王寺中）

● 日ごろから、自分たちが生きている社会、そして日本、世界への関心を持っているかを見るというねらいで出題しています。身近なことから、世界、そして地球の抱える問題について考えてほしいです。ニュースや新聞（参考書・本）に目を通す時間を、1日に少しでもよいので持ってみてください。
（神奈川県　神奈川大学附属中）

● 答えのない時代だからこそ、自分自身の考えを持つことが大事になります。社会で起こる事象、現象の問題点の発見、問題の原因究明、解決策を、常に自問自答してみましょう。また、家族や友人と会話していくことも大切です。自分の考えを発信して、他人の考えを受け入れていきましょう。視野が大きく広がると思います。
（東京都　三田国際学園中）

● 皆さんの身のまわりで起こっている変化は、社会の変化と密接に結びついています。「どうしてこういう変化が起きているのかな？」「なぜなんだろう？」の視点を大切に、関心を持ってみてください。
（神奈川県　日本女子大学附属中）

● 時事問題を含めて、今、学んでいることは、君たちがこの社会をより良くしていくために必要な知識だということを考えてほしいです。すべての勉強に意味があるのでがんばってください！
（東京都　東京都市大学付属中）

● 政治、経済、国際関係、文化など新聞の見出しに大きく、または複数回掲載されているような事柄について、キーワードだけではなく、その内容もしっかりと理解してください。さらに、それらについて自分はどう考えるのか、意見などを述べられるとよいと思います。
（東京都　世田谷学園中）

● 時事問題では、現時点で解決が困難な問題などが扱われ、その解決策を模索したり講じたりしている世の中の状況を知ることができます。私たちが学ぶ理由の1つは、現状の課題を克服して未来を切り開くことにあります。今の学びが未来につながっていることを意識して時事問題に取り組んでください。
（東京都　鷗友学園女子中）

第7位 対話型生成AIによる社会の変化　p.149

第8位

大雨、猛暑など気象災害

記録的な大雨で太平川が氾濫し、浸水した秋田市の住宅街（2023年7月15日撮影）

p.88、90

第9位

地球温暖化の現状

2023年の夏も南ヨーロッパ、アメリカ、カナダなどは熱波に見舞われ、山火事が多発した。モロッコ沖の大西洋上にあるスペイン領のカナリア諸島・テネリフェ島でも火が人家に迫った（2023年8月19日撮影）

p.66

私立中学校の先生に聞きました
小学生に知っておいてほしいニュース TOP20

受験生へのメッセージ！

● 時事問題を学ぶ際は、単にできごとを覚えようとするのではなく、なぜそのようなできごとが起こったのか、そしてそのできごとの影響によって、これからの社会はどのように変化するかを考えながら取り組んでください。また、いつも学習しているどの事項と内容面で関連するのかも意識しましょう。
（東京都　広尾学園中）

● まずは知識を得ることが大事ですが、それを自分のことばで説明できるようになりましょう。さらに未来へ向けて、それらの知識を使ってどのように世界を変えていくべきなのか、自分ならどうするか、という視点を持って行動する生徒にぜひ来てほしいと思っています。
（東京都　渋谷教育学園渋谷中）

● ふだんの生活や身近な問題も、日本全体や世界のできごととつながっていたり、影響を受けていたりします。今、どのようなことが起こっているのかに関心を持って、新聞やテレビ、インターネットのニュースを見てください。疑問や興味を持ったことについて、さらに調べたり、ご家族の人と話をしたりして、考えてみてください。
（京都府　同志社女子中）

● 日ごろから社会に関心を持って過ごしましょう。また、節目の年を機に、振り返り、見つめ直すべきこともあるかと思います。しっかりと考えて、これからの社会をつくっていきましょう。（神奈川県　カリタス女子中）

● 受験のために参考書を丸暗記するような勉強をするのではなく、現実の社会で起こっているできごとに目を向けてみてください。そして、身につけてきた知識をそのできごとにあてはめて考えてみる、そこでわいてきた疑問について調べてみる、そういう勉強をしてもらいたいと思います。
（神奈川県　鎌倉女学院中）

● 社会科は「よのなか」を学ぶ科目です。いま、世の中で起こっていることを考えるうえで、地理・歴史・公民の基本的な知識はとても重要です。教科書を中心に学んだうえで社会を眺めると、3つの分野のかかわりにも気づくことができます。新聞やテレビ、インターネットなどのニュースを見ることを日ごろの習慣にして、自分が学んだ知識をもとに「なぜ？」と考え、知らないことやわからないことは調べたり大人に尋ねたりして解決していくことを大切にしてほしいと思います。（東京都　国学院大学久我山中）

● 世の中にはさまざまな考え方や受け止め方があります。1つの報道を通して自分はどう行動するのかを少しずつ意識するきっかけになるような作問を心がけています。
（東京都　光塩女子学院中）

第10位　国連はウクライナ問題を解決できず

2023年6月、ウクライナ南部のカホフカダムが決壊した。それより下流のドニプロ川流域では広い範囲が浸水し、このように多くの家屋が水没した

p.40

第11位　マイナンバーカードをめぐるトラブルが続出

p.34

第12位　日本の防衛問題（反撃能力保有など）

p.26

第13位　フィンランドがNATO（ナトー）に加盟

2023年4月、フィンランドがNATOに加盟し、フィンランドとロシアの国境は、NATO加盟国とロシアの境界線になった。この国境にはフェンスの建設が進んでいる

p.40

第14位

関東大震災から100年、地震・津波対策

2023年も国内外で大きな地震が発生した。5月5日に石川県能登地方で発生した地震では、珠洲市で震度6強を観測し、民家の裏山の土砂が崩れた

p.60

第15位 **2024年7月に新紙幣を発行予定**

p.28

第16位 **新型コロナウイルス感染症の扱いを「5類」に**

第17位

外国人観光客数が回復

2023年に入ると、外国人観光客の受け入れ再開が本格化した。古い町並みが人気の岐阜県高山市もにぎわいを見せるようになった（2023年8月22日撮影）

p.84

第18位　こども家庭庁が発足
p.30

第19位　物流2024年問題

2024年からトラックドライバーの時間外労働の規制が強化されるのに伴い、人手不足がますます深刻になり、物流が滞ることもありうると考えられている。こうした問題を解決するため、本来なら人を乗せる鉄道などに荷物も載せる「貨客混載」が広がっている。2023年8月31日には、上越新幹線に「荷物のみ」を載せた臨時列車が走った。写真は東京都北区の東京新幹線車両センターに到着したその列車から食品や生花などの荷物を降ろす作業員

p.148

第20位　再生可能エネルギーの利用推進

廃止されたゴルフコースの跡地を埋め尽くす太陽光パネル（福島県富岡町で）。再生可能エネルギーの利用が進むのに伴い、全国でこうした風景が見られるようになったが、災害の原因になるおそれもあるとの声も出ている

p.66

私立中学校の先生に聞きました
小学生に知っておいてほしいニュース TOP20

受験生へのメッセージ！

- 大きく取り上げられたニュースだけでなく、時代を見通した大きな問題（例えば地球環境問題など）にも関心を持つようにしてください。（神奈川県　法政大学第二中）

- 教科書、テキストで学んだことが現代の世界と密接につながっていることを意識してもらえるような作問を心がけています。ただの入試科目ではなく、社会を見る目を養う教養ととらえてほしいです。（東京都　田園調布学園中）

- 毎日、新聞を読む習慣をつけましょう。見出しを読むだけでも、皆さんの中に世界のさまざまな情報やものの見方が蓄積されていきます。（東京都　東京女学館中）

- 何のために教科学習をするのか？　それは、世の中のできごとを正しく理解するためだと思います。日ごろから、身の回りのこととのつながりを意識して、楽しく学んでもらいたいと思います。（東京都　開智日本橋学園中）

- 時事問題を単なるニュースととらえるのではなく、「学びの機会」として活用してみましょう。皆さんがこれまで勉強してきた知識がつながっていくのがわかると思います。（東京都　頌栄女子学院中）

- 日々のニュースを通じて社会への関心を高めるのはとても重要です。そうしたトピックが自分の生活につながっていることを意識するためにも、お茶の間の話題として、家庭でもニュースについて話題にしたり、そこから調べたりすることを強くお勧めします。（東京都　東洋英和女学院中）

- 本校では持続可能な社会を担う「主権者」を育てるべく、社会科の授業を通してさまざまな社会問題に触れ、生徒たちに「自分事」としてとらえられるよう考える機会を多く設けています。常に新聞やテレビなどのニュースに触れ、社会にはどんな問題があるのか、家庭で話す機会をぜひ設けてもらいたいと思います。（神奈川県　湘南学園中）

- 時事問題については、入試に出題されるから覚えるというよりも、日ごろの家庭での親子の対話の中に取り入れてほしいです。（東京都　かえつ有明中）

- 日本国内だけでなく、外国で起きていることにも関心を持って、自分事としてとらえられる姿勢でいてください。入試では、特に日本に関係する部分は要チェックです。（東京都　足立学園中）

- 時事問題は公民分野の大問からのみ出題されるとは限りません。各時事問題を歴史や地理の知識と関連づけて学習するようにしましょう。（東京都　日本学園中）

7

私立中学校の先生に聞きました
小学生に知っておいてほしいニュース **TOP20** 第**1**位

特集 「G7広島サミット」が開催

5月19日夕方、厳島神社の大鳥居をバックに記念撮影するG7とEUの首脳

　2023年5月19日から21日まで、広島市で第49回**主要7か国首脳会議（G7広島サミット）**が開かれました。初日の19日には、G7と呼ばれる主要7か国と、**ヨーロッパ連合（EU）**の首脳のみによる討議が続き、2日目の20日には、韓国、インド、ブラジルなど招待国の首脳や、国際連合をはじめとした国際機関の代表が加わった拡大会合も行われました。この日の午後、**ウクライナのゼレンスキー大統領**が広島に到着すると、最終日の21日には、ゼレンスキー大統領も討議に加わりました。期間中、これらの首脳が広島平和記念公園内にある広島平和記念資料館（原爆資料館）を訪問し、原爆死没者慰霊碑に花をささげたことも意義深いできごとでした。

 ロシアと中国への対応が焦点に

　今回のG7広島サミットの最大の意義は、**ロシアが侵略を続けているウクライナ**への支援を継続し、ロシアへの制裁をさらに強化することをG7で確認しあったことにあるといえます。**「G7広島首脳声明」**では、ロシアによるウクライナに対する侵略戦争は、**国連憲章**を含む国際法への深刻な違反だとして、改めて「最も強い言葉で非難する」としました。

　中華人民共和国（中国）に対しては、「建設的かつ安定的な関係を築きあげる用意がある」としながらも、**サプライチェーン**（原材料や部品の調達、製品の生産、販売までの一連の流れ）を中国だけに頼りすぎないようにするとしました。必要な物の多くを中国からの輸入に頼っていると、いざというときに手に入らなくなるおそれがあり、安全保障上も問題となる可能性があるからです。

　また、中国が東シナ海と南シナ海で**海洋進出**

5月20日の拡大会合に出席した首脳

8

特集 「G7広島サミット」が開催

を強め、日本を含む他の沿岸国と対立していること、場合によっては、武力で台湾の統一を図ることもありうると繰り返し主張していることについては、「東シナ海及び南シナ海における状況について深刻に懸念」「力または威圧によるいかなる一方的な現状変更の試みにも強く反対」「台湾海峡の平和と安定の重要性を再確認」などとしました。さらに、ウクライナから軍隊を撤退させるよう、ロシアに圧力をかけることも求めました。

そのほかに、世界的な物価上昇、食料・エネルギーの供給不安への対応、地球温暖化対策、対話型の生成AI（人工知能）を利用する際のルール作り、性的少数者の人権保護などについても話し合われました。

2日目の20日には、「クアッド」の首脳会合も行われました。「クアッド」とは、英語で「4つの」という意味で、**日本、アメリカ、オーストラリア、インド**の4か国による枠組みです。インドはどこの国とも同盟を結ばない方針なので、これは同盟ではありませんが、中国と並ぶ人口大国であり、民主的な選挙で政権交代した実績もあるインドを取り込んで、安倍晋三元首相が唱えた**「自由で開かれたインド太平洋」**を守ろうとする意味があります。

G7広島サミットに参加したG7とEUの首脳

日本	岸田文雄首相(65歳)
アメリカ	ジョー・バイデン大統領(80歳)
イギリス	リシ・スナク首相(43歳)
フランス	エマニュエル・マクロン大統領(45歳)
ドイツ	オラフ・ショルツ首相(64歳)
イタリア	ジョルジャ・メローニ首相(46歳)
カナダ	ジャスティン・トルドー首相(51歳)

ヨーロッパ理事会常任議長（大統領）
シャルル・ミシェル（ベルギー）（47歳）

ヨーロッパ委員会委員長
ウルズラ・フォン・デア・ライエン（ドイツ）（64歳）

※年齢はG7サミット当日の時点

拡大会合に出席した首脳

〈招待国〉
韓国	尹錫悦大統領
ベトナム	ファム・ミン・チン首相
インドネシア	ジョコ・ウィドド大統領
インド	ナレンドラ・モディ首相
ブラジル	ルイス・イナシオ・ルラ・ダ・シルバ大統領
オーストラリア	アンソニー・アルバニージー首相

コモロ（アフリカ連合議長国）
アザリ・アスマニ大統領

クック諸島（太平洋諸島フォーラム議長国）
マーク・ブラウン首相

〈ゲスト国〉
ウクライナ
ウォロディミル・ゼレンスキー大統領

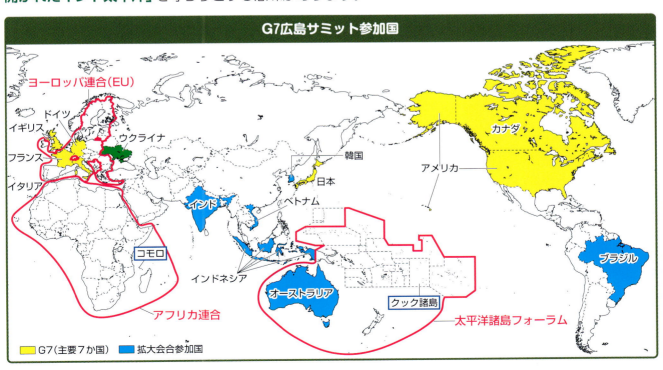

G7広島サミット参加国

首脳らが原爆資料館を訪問し、慰霊碑に献花

今回のG7広島サミットは、G7とEUの首脳ら9人の原爆資料館訪問と、原爆死没者慰霊碑への献花から始まりました。アメリカの現職大統領の広島訪問は、2016年の**伊勢志摩サミット**の後、当時の**オバマ大統領**が訪問したのに続いて2回目です。G7では、アメリカのほかにイギリスとフランスも核保有国ですが、イギリス、フランス、カナダの現職首脳の原爆資料館訪問は初めてのことでした。

原爆資料館に展示されている、犠牲になった幼児の三輪車

ここでの体験も踏まえて、首脳声明では「全ての者にとっての安全が損なわれない形での**核兵器のない世界**という究極の目標に向けて、軍縮と核兵器の不拡散のための取り組みを強化する」としました。人類の理想として、将来的には核兵器の廃絶をめざすが、現状では核兵器による**抑止力**の維持を否定しないこと、核兵器のこれ以上の拡散や、核兵器による脅しには強く反対することを宣言したのです。抑止力というの

5月19日、そろって慰霊碑に献花するG7とEUの首脳9人

は、「核兵器で反撃されるおそれがあるから、こちらから先に攻撃はできない」と敵国も考えるため、自国や同盟国の安全が守られるという考え方です。しかし、ひとつ間違えれば、核兵器が本当に使われてしまうおそれは常につきまといます。

そのため、今回のG7広島サミットの評価は分かれています。成功だったという見方がある一方で、被爆者の一部は、「自分たちも核兵器を持つことで、敵の攻撃を抑止するという考え方から脱却できていない」「核兵器廃絶への具体的な道筋が示されなかった」「**核拡散防止条約（NPT）**体制を堅持するとはいっても、**核兵器禁止条約**には触れられなかった」などとして、失敗だったという見方をしています。

広島では、多くの朝鮮半島出身者が原爆で犠牲になっていることも忘れてはなりません。広島平和記念公園の一角には**韓国人原爆犠牲者慰霊碑**もあり、最終日の21日朝、岸田首相夫妻と韓国の**尹錫悦大統領**夫妻の4人は、そこでそろって祈りをささげました。その後、インドなど招待国の首脳らも広島平和記念公園を訪問しました。

21日午後、すべての討議を終えた岸田首相は原爆死没者慰霊碑前で議長国会見を行い、「我々首脳は2つの責任を負っている。厳しい安全保障環境の下、国民の安全を守り抜く責任と、核兵器のない世界と

特集 「G7広島サミット」が開催

いう理想を見失うことなく、追い求め続ける責任だ」と述べました。そして、「世界80億の民が全員『ヒロシマの市民』となったときに核兵器はなくなる」とも語りました。「理想と夢想は違い、理想には手が届く」として、「今日から一人一人がヒロシマの市民として一歩一歩現実的な歩みを進めていこう」と呼びかけたのです。

ワンポイント解説

核拡散防止条約（NPT）

1967年1月1日の時点ですでに核兵器を持っていた**アメリカ、ソビエト連邦（その核兵器はロシアが継承）、イギリス、フランス、中華人民共和国（中国）の5か国**だけに核兵器を持つ権利を認め、核保有国は非核保有国に核兵器を渡さないこと、非核保有国は今後も核兵器を持たないことを定めた条約。この条約に非核保有国として参加した国は、持っている核物質を平和目的にだけ使い、軍事目的には使っていないことを示すため、**国際原子力機関（IAEA）**による核査察を受けなければならないとされている。1968年から調印が始まり、1970年に発効した。

しかし、これは不平等な条約だとして、**インド、パキスタン、イスラエル**は参加していない。**朝鮮民主主義人民共和国（北朝鮮）**は、いったんは参加したが、1993年に脱退を宣言した。現在は、この9か国が核兵器を持っているとされ、このほかに、**イラン**も核兵器を開発しようとしているのではないかと疑われている。

ワンポイント解説

核兵器禁止条約

2017年7月に国連総会で採択された、**核兵器の開発・製造・保有・使用はもちろん、使うという脅しも禁止した**条約。2020年10月24日には、この条約を批准（最終的に認めること）した国が50か国に達したため、90日後の2021年1月22日に発効した。

しかし、**アメリカ、ロシア、イギリス、フランス、中国の5つの核保有国**や、事実上の核保有国とされる**インド、パキスタン、イスラエル、朝鮮民主主義人民共和国（北朝鮮）**は参加していない。さらに、核保有国であるアメリカの同盟国である**日本、韓国、北大西洋条約機構（NATO）加盟国**の大半も不参加である。

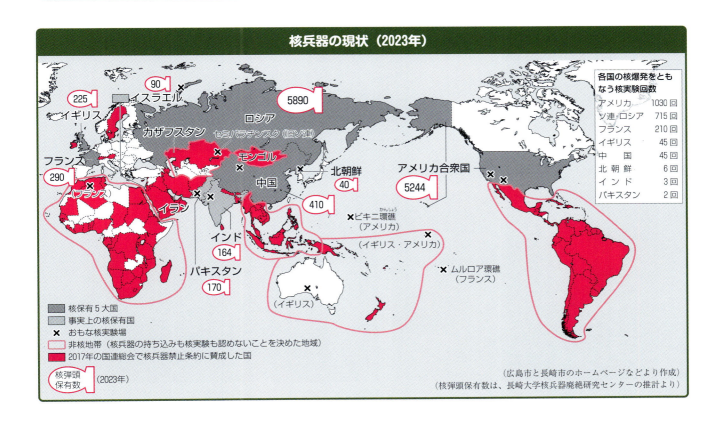

（広島市と長崎市のホームページなどより作成）
（核弾頭保有数は、長崎大学核兵器廃絶研究センターの推計より）

ウクライナのゼレンスキー大統領も対面で参加

今回のG7広島サミットには、ウクライナのゼレンスキー大統領が「オンラインで」参加する予定になっていました。ところが、初日の19日、「対面で」参加することが発表され、2日目の20日午後3時30分ごろ、フランスの政府専用機で広島空港に到着しました。最終日の21日にはG7とEUの首脳にゼレンスキー大統領が加わった討議や、招待国の首脳も加わった討議が行われました。

ゼレンスキー大統領（正面奥）も加わった5月21日の討議

これらの討議では、G7がウクライナへの支援とロシアに対する制裁をさらに強化することに改めて合意しました。各国の国内には、ロシアをこれ以上刺激すべきではないなどの理由から、ウクライナ支援を続けることに慎重な意見もあるのは事実です。しかし、国連憲章に違反して、国際紛争を武力で解決しようとしているのはロシアであり、それを許したら、世界は国際法が守られない危険な場所になってしまうと、G7首脳らは考えているのです。

5月21日夕方、岸田首相とともに慰霊碑に献花するゼレンスキー大統領

さらにゼレンスキー大統領は、21日の夕方、岸田首相と原爆資料館を訪れ、原爆死没者慰霊碑に献花しました。その後のスピーチでゼレンスキー大統領は、「激戦地になっているバフムトと、原爆投下後の広島の光景が似ていると感じた。今の広島は生きている街だ。バフムトも広島のように再建できる」と述べました。

被爆直後の廃墟になった広島

廃墟になったウクライナ東部の都市バフムト

特集 「G7広島サミット」が開催

このように、ロシアから核兵器による脅しを受けている当事者のゼレンスキー大統領自身が広島を訪れたことは、ロシアに対して、核兵器を使うことは絶対に許さないという、強いメッセージになったといえるでしょう。

「グローバルサウス」との関係を強化

ゼレンスキー大統領にとっては、**「グローバルサウス」**の国々との関係を深められたことも成果でした。現在、ロシアを強く非難して経済制裁を科しているのは、ＥＵや**北大西洋条約機構（ＮＡＴＯ）**に加盟している欧米諸国、日本、韓国、オーストラリア、ニュージーランドなどに限られています。それ以外のアジア、アフリカ、中南米などの国々の多くは、ロシアを強く非難することは避け、経済制裁も科していません。こうした国々は欧米などの先進国より相対的に南に位置しているので「グローバルサウス」と呼ばれますが、その代表ともいえる**インド**のモディ首相がゼレンスキー大統領との首脳会談を行いました。一方、**ブラジル**もグローバルサウスを代表する国の１つですが、そのルラ大統領は今回のＧ７広島サミットにより、ロシアや中国との対立がさらに深まったと批判しました。

5月20日、ゼレンスキー大統領（左）と会談したインドのモディ首相（右）

□は2022年9月30日にロシアが一方的に併合を宣言した4つの州

広島が開催地に選ばれたのはなぜ？

　今回、被爆地の広島がG7サミットの開催地に選ばれたのは、場合によっては核兵器を使用することもありうるかのような発言を繰り返しているロシアに対して、それは絶対に許さないという強いメッセージを打ち出す必要があると考えられたからです。

　しかし、核保有国の首脳にとっては、訪問しにくい場所であることも確かです。**1945年8月6日**に、広島に原子爆弾を投下したのはアメリカですが、その現職大統領は長い間、広島に足を踏み入れることはありませんでした。2016年に当時のオバマ大統領が訪問したのが初めてで、今回のバイデン大統領は2人目です。また、G7には他にも核保有国（イギリス、フランス）が含まれているため、その同意も取りつけたうえで決定されました。

　会議場に宇品島のホテルを選んだのは、警備のしやすさを考慮してのことでしょう。本土と橋でつながった島であれば、その橋の警備を固めれば、不審者の侵入を阻止できるからです。初日夜には首脳らが、**世界遺産の厳島神社**のある宮島の旅館で夕食をとりながら討議を行いましたが、その宮島と船で往復するにも好都合でした。

　G7サミットの開催地は7か国の持ち回りで、次回の2024年はイタリアの番です。メローニ首相は最終日の21日朝、イタリア半島の南東端にあたるプーリア州で開くと発表した後、北部の州で発生した洪水の対応にあたるため、その日の討議には参加せず帰国しました。

 ## G7サミットのあゆみ

　G7とは「グループ・オブ・セブン」の略で、**日本、アメリカ、イギリス、フランス、ドイツ、イタリア、カナダの主要7か国**を指します。G7の国内総生産（GDP）の合計は、20年ほど前までは全世界の約6割に達していましたが、近年では中国などの経済成長もあって4割ほどになっています。

　G7サミットは、1973年の**第四次中東戦争**が原因で起きた**第一次石油危機（オイルショック）**後の不景気を先進国の協力によって克服するため、当時のフランスのジスカール・デスタン大統領の提唱により1975年に始まりました。第1回は日本、アメリカ、イギリス、フランス、西ドイツ（現ドイツ）、イタリ

特集 「G7広島サミット」が開催

アの6か国で、第2回からカナダが、第3回からEUの前身であるヨーロッパ共同体（EC）が参加しました。当初の議題は経済問題が中心でしたが、1980年のベネチア・サミットで、前年の**ソビエト連邦（ソ連）のアフガニスタン侵攻**に抗議する「アフガニスタン宣言」を発表してからは、政治問題も扱うようになりました。まだ**冷戦**が続いていた1980年代のG7サミットは、ソ連に対して**西側諸国の結束**を示す場になったのです。

その冷戦が1989年に終結すると、1991年には、ソ連の**ゴルバチョフ大統領**をG7サミットに招待しました。この年の末にソ連は崩壊したため、翌年からは、ロシアの首脳が招かれるようになりました。当時は、社会主義をやめて市場経済に移行しようとしていたロシアをどう支援するかが重要な議題でした。やがて、ロシアも正式なメンバーとされ、「G8サミット」になりました。

2001年のジェノバ・サミットでは、開催に反対するデモ参加者とイタリア治安当局の衝突により死者が出たため、それ以降は警備の都合を考えてリゾート地での開催が多くなりました。

2006年のG8サミットは、初めてロシアで開かれ、その8年後の2014年もロシアで開かれる予定でした。ところが、この年の3月に、ロシアは住民投票の結果だと称して、ウクライナの領土である**クリミア半島**を一方的に併合しました。他の7か国の首脳らはこれを認めず、**EU本部があるベルギーの首都ブリュッセル**に集まりました。この年からロシアは参加資格を停止され、G7サミットに戻ったのです。

日本でのサミットは今回で7回目です。最初の3回は東京での開催でした。2000年は「**九州・沖縄サミット**」として沖縄県名護市で、2008年は「**北海道洞爺湖サミット**」として北海道洞爺湖町で、2016年は「**伊勢志摩サミット**」として三重県志摩市で、それぞれ開かれました。アメリカのオバマ大統領の広島訪問は、この伊勢志摩サミット終了後のことです。

ロシアのプーチン大統領（右から4人目）が初めて参加した2000年の沖縄でのG8サミットの夕食会は首里城で行われた。その建物は2019年に火災で焼失し、現在は再建工事中

2016年の伊勢志摩サミットの終了後、広島に移動し、原爆ドームをバックに演説するオバマ大統領（当時）

ワンポイント解説

冷戦（冷たい戦争）

第二次世界大戦終結直後から1980年代まで続いた、アメリカ合衆国や西ヨーロッパ諸国を中心とする資本主義国と、ソビエト連邦（ソ連）や東ヨーロッパ諸国を中心とする社会主義国の対立のこと。アメリカとソ連が直接戦ったわけではなかったので「冷戦（冷たい戦争）」といわれた。1989年12月に地中海のマルタ島での米ソ首脳会談で「冷戦の終結」が宣言されたが、アジアでは中華人民共和国（中国）や朝鮮民主主義人民共和国（北朝鮮）が現在も社会主義をかかげており、韓国と北朝鮮の対立や、中国と台湾の対立が続いている。

2023年 理科ニュース
アカミミガメとアメリカザリガニが「条件付き特定外来生物」に

外来種(外来生物)とは、本来は生息していなかった地域に、人の活動が原因で、他の地域から入ってきた生物のことです。ペットとして海外から持ち込まれたものが捨てられたり、逃げ出したりした生物もいれば、輸入された貨物などに紛れて入ってきたと思われる生物もいます。他の地域は海外とは限りません。たとえばカブトムシは、本来は北海道にはいなかったので、北海道では外来種(国内外来種)なのです。

それに対して、もともとその地域に生息していた生物を在来種といいます。外来種のなかには、在来種とえさや生息地をめぐって競争したり、在来種を直接食べたりして、絶滅に追い込むおそれのあるものもいます。農作物を食い荒らすものや、セアカゴケグモやヒアリのように人を刺すなど、人の生活に直接被害を与えるものもいます。

アメリカザリガニ

こうした生物による被害を防止するために、2005年に施行されたのが「特定外来生物被害防止法」です。この法律で特定外来生物に指定されると、輸入はもちろん、飼育、栽培、運搬、野外への放出、売買、譲渡などが原則として禁止され、野外に生息しているものは駆除の対象になります。

しかし、アカミミガメとアメリカザリガニについては、一般家庭で飼われている数があまりにも多いため、特定外来生物に指定すると、飼うのが違法になる前に大量に捨てられ、自然界に生息する数がかえって増えてしまうおそれがありました。そのため、これまで指定は見送られてきましたが、2022年に特定外来生物被害防止法が改正され、上記の行為の一部については規制の対象としないという条件付きで特定外来生物を指定することも可能になりました。

その第1号、第2号として、アカミミガメとアメリカザリガニは2023年6月から、飼うことや無料で他人に譲ることは禁止されない「条件付き特定外来生物」になったのです。野外に放すことや、売買することは禁止です(99ページも参照)。

アカミミガメ(左)とその幼体のミドリガメ(右)

もくじ

巻頭カラー

TOP20 小学生に知っておいてほしいニュース TOP20 ················· 1
特集 「G7広島サミット」が開催 ·················· 8
理科ニュース アカミミガメとアメリカザリガニが「条件付き特定外来生物」に··· 16

第1章 政治・経済の動き

●みんなで話し合ってみよう！
地方選挙の投票率を上げるには？ ·················· 20
1 食品などの価格上昇が生活を圧迫 ·················· 22
2 「反撃能力」の保有を決定 ·················· 26
3 2024年7月から新しい紙幣を発行開始 ·················· 28
4 「こども家庭庁」が発足 ·················· 30
5 第20回統一地方選挙が実施される ·················· 32
6 「マイナンバーカード」の利用拡大が決定 ·················· 34

第2章 激動する国際社会

ひと目でわかる 時事イラスト ·················· 38
1 長期化するウクライナでの戦争 ·················· 40
2 インドの人口が世界一に ·················· 48
3 中国の習近平国家主席が3期目 ·················· 50
4 トルコ大地震とシリア情勢 ·················· 52
5 イギリスがTPPに正式に加盟 ·················· 54

第3章 災害への備えと環境問題

●みんなで話し合ってみよう！
災害は、社会の弱点をついてくる？ ·················· 58
1 関東大震災から100年 ·················· 60
2 地球温暖化防止のためのさまざまな取り組み ·················· 66
3 プラスチックごみによる海の汚染が深刻に ·················· 70
4 福島第一原発の処理水を海洋放出 ·················· 72

第4章 社会の動き

ひと目でわかる 時事イラスト ·················· 76
1 止まらない少子化、出生数がついに80万人割れ ·················· 78
2 北陸新幹線が敦賀まで延伸予定 ·················· 80
3 スポーツの国際大会が活発に開催 ·················· 82
4 外国人観光客の受け入れを本格的に再開 ·················· 84

第5章 理科ニュース

1 観測史上、最も暑い夏 ·················· 88
2 2023年も各地で多数の線状降水帯が発生 ·················· 90
3 日本の宇宙開発の現在 ·················· 92
4 2023年は4月に部分日食、10月に部分月食 ·················· 94
5 トルコとモロッコで強い地震 ·················· 96
もっと知りたい その他の理科のトピックス ·················· 98

2024年中学入試　予想問題 ·················· 101
時事ニュースマップ ·················· 134
ニュースカレンダー ·················· 138
時事問題に関連する資料のページ ·················· 142
2023年　時事用語解説 ·················· 148
2024年中学入試　予想問題の解答 ·················· 153
さくいん ·················· 158

はじめに

　ロシアのウクライナ侵攻はすでに1年半以上続き、国際情勢は緊迫の度合いを強めています。エネルギーや食料が安定供給されなくなる危機にも直面している状況です。日本でも物価の高騰に拍車がかかり、私たちの生活に大きな影響が出ています。

　また、2023年は関東大震災から100年の節目の年でもありました。まだラジオ放送も始まっていなかった時代、人々は口から口へと伝わるうわさ話に振り回されました。現在ではSNSなどで、当時とは比較にならないほど情報が速く拡散するようになっています。100年前のできごとから、今に通じる教訓を引き出す必要があるでしょう。

　加えて、新聞、雑誌、テレビ、ラジオといった従来のメディアでも、日々膨大な量の情報が流されていますが、それらもただ無批判に受け入れるだけではいけません。さまざまな情報や意見があるなかで、それはだれが、どういうねらいで発信したのかにも思いをめぐらせて、自分の頭で考えることは、ますます大切になってきているのではないでしょうか。

　本書は、あふれる情報のなかから重要性の高いものを見極める力がつくように作られています。こうした力を養って、どうするのが正解なのかわからない事態が次々に発生する、困難な時代を生き抜いていける人間になってください。そのために本書を役立ててもらえることを願ってやみません。

サピックス小学部
2023年10月

本書の使い方

1 まずはじっくり読んで、ニュースの事実関係、背景、影響を理解していきましょう。写真、地図、グラフなどが各ページに盛りこまれていますので、本文の内容をより具体的に理解するために役立てましょう。

2 本書の巻末には、入試に出題される可能性が高い語句を収録した切り取り式の一問一答カードがついています。カードは点線に沿って切り取ることができ、表が問題、裏が解答になっています。単語帳のような形にして、いつも持ち歩いて頭に入れていきましょう。

3 ニュース解説のページの後には、その内容に即した「2024年中学入試予想問題」があります。2024年の中学入試で出題が予想される内容を扱っていますので、**1**と**2**で培った力をもとに問題演習に取り組みましょう。

　解答用紙は、サピックス小学部の重大ニュース（https://www.sapientica.com/application/activities/gravenews/）または代々木ゼミナールの書籍案内（https://www.yozemi.ac.jp/books/）のページからダウンロードして、A4サイズの用紙に印刷したものを利用しましょう。また、社会の解説も同様にダウンロードすることができます。問題を解いた後の復習に役立てましょう。

　以上の**1**〜**3**を終えたとき、ニュースの内容がおもしろく感じられるようになっているでしょう。それとともに、ものごとの真実を見極める力が向上しているはずです。

第1章 政治・経済の動き

● みんなで話し合ってみよう！
地方選挙の投票率を上げるには？ …………………………………………………… 20

1 食品などの価格上昇が生活を圧迫 …………………………………………………… 22
2 「反撃能力」の保有を決定 …………………………………………………………… 26
3 2024年7月から新しい紙幣を発行開始 …………………………………………… 28
4 「こども家庭庁」が発足 ……………………………………………………………… 30
5 第20回統一地方選挙が実施される ………………………………………………… 32
6 「マイナンバーカード」の利用拡大が決定 ………………………………………… 34

みんなで話し合ってみよう！
地方選挙の投票率を上げるには？

2023年は4月に統一地方選挙があったね。でも、投票率はとても低くて、知事選挙も都道府県議会議員選挙も40％台だったんだ。

最近では、国会議員の選挙でも投票率が低くて、有権者の2人に1人くらいしか投票しないようですね。

地方選挙では、国会議員の選挙よりさらに投票率が低くなる傾向があるね。昼間は他の都道府県で働いていたりして、地域とのつながりが薄い人は、候補者がどういう人か知る機会が少ないから、だれに投票していいのかわからないというのも、原因の1つだと思うよ。

候補者の所属政党で選べばいいのでは？

国会議員の選挙なら、それも1つの方法だろうね。でも、地方選挙では無所属の候補者が多いし、地域の身近な問題を扱う人を選ぶわけだから、国の政策に対する考え方だけでは判断しにくいね。それに、知事選挙では、与党と野党が同じ候補者を推すケースも多いんだ。

その候補者は支持できないと思っても、代わりに投票したい人がいないから、選挙に行かないということになってしまうのかな。

それでも、統一地方選挙は全国的にニュースになるから、それなりに関心が持たれていて、有権者の4割以上が投票する。ところが、8月6日の埼玉県知事選挙では、投票率が23.76％しかなく、これまでに全国で行われた知事選挙の中で、最も低かったんだ。政治家というのは、国民や地域の住民を代表して、税金の使い方をはじめ、みんなに関係することを決める人だといえるから、投票しないということは、「自分の知らないところで、どんなことが決まっても文句はありません」と言っているようなものだね。

棄権した人に罰金を科したら、投票率は上がりませんか？

そういう国もあるけれど、棄権するのも権利のうちで、意思表示のしかたの1つではある。だから罰金といった方法ではなく、投票できる時間を延ばすなどの方法で、投票率アップを図っているんだ。

テレビを見ていると、どこかで選挙のあった日は午後8時になった瞬間に「〇〇氏が当選確実」という速報が流れることがあるけれど、投票時間は午後8時まで？

以前は午後6時までだったのが、法律が改正され、原則として午後8時までになった。もっとも交通が不便だとか、特別な理由がある場合は、投票時間を短縮してもよいことになっているから、ほとんどの自治体で投票時間を午後6時までとしている県もあるのが実態だ。

第1章 政治・経済の動き

他県から引っ越してきた人が、午後6時過ぎに投票に行こうと思ったら、すでに投票は締め切られていたということもありうる？

ありうるね。選挙にかかる費用を減らすためなのかもしれないが、国で午後8時までと決めているのに、安易に短縮するのは問題があると思うよ。

投票日に用事があって、どうしても投票所に行けない場合は、事前に投票できる制度もありますね。

以前は仕事や冠婚葬祭などの都合でないと認められなかったんだけど、20年ほど前からは、レジャー、つまり遊びに行く予定がある場合でも、事前に「期日前投票」をしてよいことになった。2023年の盛岡市長選挙と市議会議員選挙の投票日は8月13日でお盆の時期だったけど、旅行の予定があるなら、期日前投票をしてから行けばよかったということだね。

投票日に台風が来そうな場合は、どうすればいいですか？

2017年からは、投票日に悪天候や災害が予想される場合も期日前投票をしてよいことになった。だから最近の選挙では、有権者の2割くらいが期日前投票をしているよ。

それでも結局は、有権者の半分以上が「自分1人が投票してもしなくても何も変わらないから」と思って棄権してしまうんですね。

でも、1票の力をばかにしてはいけないよ。1票差で当選・落選が分かれたというケースは、今回の統一地方選挙でも、現実にあったんだ。中野区議会議員選挙では0.415票差で、世田谷区議会議員選挙では1.307票差で、それぞれ敗れた候補者が異議を申し立てたけれど、結果はくつがえらなかった。

票の差が小数になっているのはどうしてですか？

同じ名字の候補者が2人以上いるにもかかわらず、投票用紙に名字しか書かないような人は必ずいる。そういう票を全部無効にするわけにはいかない。そこで、たとえば「鈴木太郎」と書かれた票が600票、「鈴木花子」と書かれた票が400票、「鈴木」とだけ書かれた票が100票あったとすると、この100票のうち、60票は太郎さんに、40票は花子さんに投票されたものとみなすんだ。だから票数が小数になることもあるんだよ。

名前の一部を間違えて書いた票もありますよね。それを有効とするか、無効とするかという判断によっても、当選者が変わる可能性があるということになりますね。

そうなんだ。だからわずかな差で落選した候補者が納得できず、票の数え直しを求めるのもわかる。「自分が棄権せずに1票入れていれば」と思った人もいるかもしれないね。

はじめから、自分の1票では何も変わらないなどと、思ってはいけないんですね。

1 食品などの価格上昇が生活を圧迫

値上げラッシュは2023年も継続。鳥インフルエンザなどによる卵の値上がりも

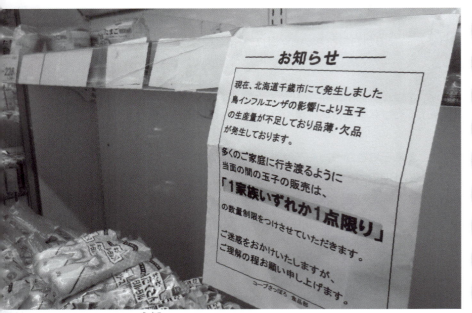

3月に北海道千歳市の養鶏場で発生した鳥インフルエンザにより卵が不足し、購入制限を知らせる紙が貼られた生活協同組合の食品売り場（5月23日、札幌市で）

> 2022年は、**ロシアのウクライナ侵攻**や、一時は1ドル＝150円を突破した**円安**の影響もあって、**食品や電気料金の値上げのニュースが相次ぎました**。**貿易赤字**も過去最大の20兆円近くに達しました。2023年に入ってからも値上げラッシュは止まらず、国民の生活が圧迫されている状況は続いています。2022年から2023年にかけての冬には、**鳥インフルエンザ**の流行により全国の採卵鶏の1割以上が殺処分された影響もあって、卵の価格も上昇しました。このことは**「エッグショック」**ともいわれました。

デフレが続いた「失われた30年」

日本では1980年代後半、土地や株の価格が実際の価値とかけ離れて異常に上昇する**「バブル経済」**の状態になり、それが崩壊した1990年代からは、不景気のなかで物価が下がり続ける**デフレーション（デフレ）**が続いてきました。「企業は物を作っても売れないので価格を下げる」→「企業の利益が減る」→「企業は働いている人の給料を下げる」→「働いている人（消費者でもある）の自由に使えるお金が減る」→「消費者はあまり物を買わなくなる」→「企業はさらに価格を下げる」という悪循環におちいったのです。これが**「デフレ・スパイラル」**です。

このため、大学を卒業した若者の就職が困難になり**「就職氷河期世代」**が生まれ、**非正規雇用者**の割合が上昇し、日本も貧富の差が大きい**「格差社会」**になったといわれています。また、中国をはじめとする新興国が大きく経済成長したにもかかわらず、日本はあまり経済成長しなかったため、世界経済に占める日本の比重が低下しました。こうしたことから、1990年代からの約30年は、**「失われた30年」**ともいわれています。

デフレの原因の1つは、通貨の流通量そのものが少なすぎることにあるとされています。2010年代には、デフレから脱却するため、1年間に2％物価が上がる程度のゆるやかな**インフレーション（インフレ）**を目標として、**日本銀行**が金利を下げ、通貨の流通量を増やす**金融緩和**が行われてきました。それでも、物価はほとんど上昇しない状態が続きました。2023年4月には、日本銀行総裁が黒田東彦氏から植田和男氏に代わりましたが、金融緩和は当面継続する方針です。

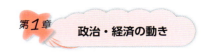

消費者物価指数が前年の同じ月より4％上昇した月も

 ところが2022年からは、金融緩和の効果とは別の原因で、さまざまな食品の価格が上昇し始めました。小麦やとうもろこし（家畜の飼料）など、日本が輸入に頼っている物の価格が上昇したことによるもので、原油価格の高騰によるペットボトルやプラスチック製包装資材の値上がりも影響しています。2022年に値上げされた食品は2万5000品目以上でしたが、2023年もすでに値上げされた、または値上げされる予定の食品は3万品目を超えています。

　食品の場合、見かけは値上げになっていなくても、1つのパッケージに入っている量が減らされたというケースもあります。これも、実質的には値上げにほかならず、「ステルス値上げ」といったことばも使われました。

　消費者が買ういろいろな物の価格が前年よりどのくらい上昇したかを表す数値に「消費者物価指数」がありますが、総務省の発表によると、2022年12月の消費者物価指数（生鮮食品を除く）は、前年の同じ月に比べて4.0％上昇し、104.1（2020年＝100）にもなりました。4％以上の上昇率が記録されたのは、第二次石油危機の影響があった1981年12月以来、41年ぶりのことでした。2023年1月も4.2％の上昇で、その後も3％台が続いています。

2022年の貿易赤字は約20兆円

 また、2023年1月に発表された財務省の貿易統計（速報値）によると、2022年の輸出額は98兆1860億円、輸入額は118兆1573億円で、差し引き19兆9713億円もの貿易赤字になったことがわかりました。この赤字額は2021年の10倍以上で、これまで最多だった2014年の12兆8161億円を大きく上回っています。

　これはロシアのウクライナ侵攻による石炭・原油・天然ガスの価格上昇と、円安が原因だと考えられます。円安というのは、日本の通貨である「円」の価値が外国の通貨、特にアメリカの「ドル」に対して下がることです。以前は100円出せば1ドルと交換できたのが、140円出さなければ1ドルと交換できなくなったのなら、それは円の価値が下がった、円安になったということです。逆に「円」の価値が「ドル」に対して上がることは円高といいます。2023年9月末には、1ドルが149円台という、2022年10月並みの円安になりました。

　円安になると、もともと「ドル」で価格がついている物を買うには、より多くの「円」を出さなければな

らなくなるので、外国からの輸入がしにくくなります。日本が外国から輸入している物といえば、食料やエネルギー資源なので、こうした物を輸入している会社の負担が増え、消費者に売る価格を上げざるをえなくなるのです。

2023年6月から、大手電力会社7社が電気料金を15～40%値上げしたのも、火力発電の燃料費の負担が増えたためです。また、ガソリンも一時は1リットルが200円に迫るほどの高値を記録しました。これらも国民の生活が圧迫される原因になっています。

鳥インフルエンザの流行もあって卵不足に

2022年から2023年にかけて特に話題になったのは、卵の不足と値上がりです。売り切れが続出したため、1人の購入数を制限したスーパーマーケットも少なくありませんでした。また、卵を使ったメニューを値上げした外食チェーンもありました。なかには、そのようなメニューの提供そのものを一時的に中止したところもあったほどで、**「エッグショック」**といわれました。

日本では、1人当たりの卵の消費量は1年間に約340個です。つまり、1人が1日にほぼ1個の卵を食べる計算になります。一方、採卵鶏は1羽が1日に1個の割合で卵を産みますから、人口とほぼ同じ数の採卵鶏が必要です。農林水産省の調べによると、2022年2月1日現在、全国の採卵鶏（6か月以上のメス）は約1億3729万羽でした。都道府県別にみると、飼育数1位は約1230万羽の茨城県で、2位は約1050万羽の千葉県です。どちらも大消費地である東京の近県であることがわかります。

ところが、2022年から2023年にかけての冬には、**「鳥インフルエンザ」**が全国で猛威を振るい、約1500万羽もの鶏が殺処分されました。その大半は採卵鶏で、全体の1割以上にもなります。

鳥インフルエンザはウイルスによる鳥の病気で、強毒性のウイルスの場合、感染した鶏はほとんど死んでしまいます。鳥と濃厚接触した人にもまれに感染することがあり、その場合の致死率は非常に高いのですが、通常は人には感染しません。感染した鶏や、その卵を食べた人が感染した例もありません。それでも、感染した鶏が発見された養鶏場のすべての鶏が殺処分されるのは、ウイルスがまん延するのを放置しておくと、やがてウイルスが変異して、人から人に感染する毒性の強いウイルスが出現するおそれがあるためです。

茨城県では、1か所の養鶏場で100万羽以上が殺処分されたケースも複数ありました。そのため、同じ養鶏場内でも複数の場所に分散して鶏を飼うようにしようとする動きも出ています。また、密集して飼う日本の養鶏方法は、**「アニマルウェルフェア（動物福祉）」**の観点から問題ではないかとする意見もあります。

鳥インフルエンザが発生した養鶏場で、防護服を着用して殺処分作業を行う関係者（2022年11月、香川県観音寺市で）

飼料価格の高騰と、香港への卵の輸出急増も影響

卵の価格上昇の最大の原因は鳥インフルエンザといえますが、飼料価格の高騰も影響しています。日本の卵の自給率は97%（2022年度）と非常に高いのですが、鶏の飼料のほとんどを海外からの輸入に頼っていることを考慮すると、実質的な自給率は13%にしかなりません。

飼料はとうもろこし、小麦などの穀物が中心ですが、これらはウクライナで多く作られ、輸出されているものです。その国際価格が上昇すれば、飼料代も上がるため、卵や鶏肉の価格にもはね返ることになるのです。

さらに、日本からの農林水産物・食品の輸出が伸びていることも影響しています。農林水産省の発表によると、2022年の日本からの農林水産物・食品の輸出額は1兆4140億円で、10年連続で過去最多を更新しました。輸出先のトップは中国本土で、2位が香港、3位がアメリカでした。しかし、香港の人口が750万人程度であることを考えれば、1人当たりの金額は中国本土やアメリカより、ずっと多いことがわかります。香港は1つの都市であって農地は少ないので、日本産の食品への依存度が高いと考えられています。2020年までは16年連続で、日本からの農林水産物・食品輸出先トップは香港でした。

そして、日本から輸出される卵の約9割が香港向けです。2012年は1000万個あまりだったのが、2022年は4億個以上も輸出されました。1人が1年に53個程度、つまり1週間に1個程度、日本の卵を食べている計算になります。物の価格は、需要と供給の関係によって決まるので、輸出の急増により国内への供給量が減れば、国内でも卵は値上がりすることになります。

なお、2022年に日本から輸出された農林水産物・食品の約1割は中国・香港向けの水産物でした。ところが、2023年8月から、日本が**福島第一原子力発電所の処理水を海洋放出**したことに対抗して、**中国は日本からの水産物の輸入を全面的に禁止**しました。中国の特別行政区である香港も、東北・関東地方などの10都県の水産物の輸入を禁止しました。この輸入禁止が長期化すれば、日本の水産業は大きな影響を受けることになるため、中国に輸出されていた水産物のうち高い割合を占めていたホタテなどについて、国内での消費拡大が呼びかけられています。

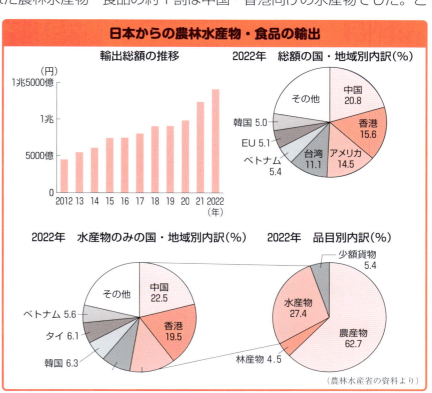

日本からの農林水産物・食品の輸出（農林水産省の資料より）

2 「反撃能力」の保有を決定

日本を取り巻く厳しい国際情勢を背景に、政府は防衛費増額も決定

航空自衛隊の地上配備型迎撃ミサイル「PAC3」の訓練（2020年9月、陸上自衛隊福岡駐屯地で）

ロシアのウクライナ侵攻により、日本も安全保障政策の見直しを迫られています。ロシアは日本にとっても隣国だからです。朝鮮民主主義人民共和国（北朝鮮）の弾道ミサイルへの警戒も必要です。中華人民共和国（中国）も台湾を武力で統一しようとすることや、沖縄県石垣市に属する日本の領土である尖閣諸島を占領しようとすることがありうると考えられています。このように、日本を取り巻く情勢は厳しさを増しているため、防衛費増額のための増税が検討されており、反撃能力（敵基地攻撃能力）を持つことも決まりました。

 防衛費増額のための増税を検討

日本の2022年度の防衛費は当初予算で約5兆4000億円でした。国内総生産（GDP）が約550兆円ですから、ほぼその1％です。日本が軍事大国化すると近隣諸国に不安を与えかねないという考えもあって、長年、1％が目安とされてきたため、このような金額になっているのです。

しかし、北大西洋条約機構（NATO）の加盟国は、イギリスやフランスのように、GDPの2％程度を防衛費に使っているところが多くなっています。そこで政府は、2023年度からの5年間の防衛費の総額を約43兆円とする方針を決めました。そのために、岸田首相は2022年12月、増税も検討すると表明しました。増税は2024年度以降、2027年度まで段階的に行い、年に1兆円を確保しようとしています。

その財源の1つと考えられているのが、東日本大震災の復興特別所得税です。現在は東日本大震災からの復興のために、所得税に2.1％分が上乗せされていますが、2024年度からその上乗せ部分を1％分下げ、新たに防衛目的税として1％分を上乗せしようとしています。事実上、従来の復興特別所得税の税収の一部を防衛費にあてるということです。

 自衛のためなら敵基地攻撃も可能に

日本は憲法第9条で戦争を放棄しているといっても、もし外国の軍隊に攻められたとき、それに対して自衛隊が自衛権を行使するのは、やむをえないことなので許されると政府は考えています。しかし、日本側から先に他国を攻撃することは許されないので、それができるような兵器は持たないというのが、こ

れまでの方針でした。そうはいっても、日本に向かってミサイルを発射しようとしている国があり、そのミサイルには、核兵器が積まれているかもしれないとしたらどうでしょうか。敵国のミサイル基地を攻撃するのも自衛のうちではないか、そのような「敵基地攻撃能力」を持つべきではないかということが議論されてきました。誤解を与えないため、政府はこのことばを「反撃能力」と表現しました。

そして2022年12月、政府は反撃能力の保有を明記した「国家安全保障戦略」など安全保障関連3文書を閣議決定しました。

 ### 北朝鮮の弾道ミサイル発射で、たびたびJアラートが発令

もし北朝鮮から弾道ミサイルが日本に向けて発射された場合、数分から10分程度で着弾することになります。避難する時間の余裕は、ほとんどありません。このような緊急情報を、政府が人工衛星を経由して瞬時に地方公共団体に伝えるしくみが**全国瞬時警報システム（Jアラート）**です。各市区町村の防災無線が自動的に起動し、警報音と音声で住民に情報が伝えられます。内閣官房から出る安全保障にかかわる緊急情報としては、弾道ミサイル発射以外に、ゲリラや特殊部隊による攻撃、航空機による攻撃、大規模テロがあります。また、気象庁が出す**緊急地震速報、大津波警報・津波警報、特別警報**もJアラートで伝えられます。

弾道ミサイル発射の場合、爆風による被害を避けるため、地下に逃げ込むのがよいとされています。しかし、身近なところに地下空間のある施設がない地域の住民にとっては、とまどいがあるようです。

北朝鮮のミサイルは北東に向けて発射され、北海道や東北地方にJアラートが出されることが多くなっています。2023年4月13日には一時、ミサイルが北海道の陸上に落下するおそれがあるとしてJアラートが出されました。一方、南に向けて発射されることもあります。5月と8月に北朝鮮が「偵察衛星」の打ち上げを試みて失敗したときは、沖縄県にJアラートが出されました。

人工衛星を打ち上げる技術は、弾道ミサイルを発射する技術とほぼ同じものです。北朝鮮は、**国連安全保障理事会**の決議により、弾道ミサイルにかかわるすべての活動を禁止されています。したがって、人工衛星の打ち上げを行えば、国連安全保障理事会の決議に違反したことになります。

日本を取り巻くさまざまな問題

私立中学校の先生に聞きました 小学生に知っておいてほしいニュース TOP20 第15位

3 2024年7月から新しい紙幣を発行開始

新紙幣の発行は20年ぶり。10000円札の肖像の人物は40年ぶりに変更

2023年6月28日、新紙幣を持ってその発行開始時期を発表する鈴木俊一財務大臣

2024年度前半をめどに、デザインと肖像を一新した紙幣を発行すると財務省が発表したのは2019年4月のことです。表面の肖像は、**10000円札が渋沢栄一、5000円札が津田梅子、1000円札が北里柴三郎**です。また、裏面には、10000円札は東京駅丸の内駅舎が、5000円札は藤が、1000円札は**葛飾北斎の「富嶽三十六景」の1つである「神奈川沖浪裏」**が、それぞれ描かれます。2023年6月には、その発行開始時期は2024年7月前半をめどにすると、財務省と日本銀行から正式に発表されました。

紙幣の肖像は政治家から文化人へ

かつて紙幣の肖像は男性の政治家ばかりで、1980年の時点では、**10000円札と5000円札が聖徳太子、1000円札が伊藤博文、500円札が岩倉具視**でした。

ところが、1984年から発行された新しい紙幣の肖像には、政治家ではなく文化人が採用されました。**10000円札は慶應義塾を創設した福沢諭吉、5000円札は戦前の国際連盟で事務局次長を務めた新渡戸稲造、1000円札は作家の夏目漱石**でした。500円は、1982年から硬貨が発行され始めたため、紙幣は発行されなくなりました。

その20年後の2004年からは、**5000円札は女性作家の樋口一葉**に、**1000円札は医学者の野口英世**に変わりました。10000円札は福沢諭吉のまま、デザインが少し変わりました。

この間、2000年には、新たに**2000円札**が発行されました。2004年度以降は製造されていませんが、**表面に沖縄県那覇市の首里城跡にある守礼門（裏面は源氏物語絵巻の一場面）**が描かれていることから、沖縄県では現在もかなり流通しているようです。

額面は算用数字の方を大きく

これまでの紙幣とは大きく違う新紙幣の特徴は、額面の文字です。**漢字より算用数字の方が大きくなった**のです。これは明らかに、外国人も使うことを意識したものといえます。

政治家ではなく文化人を採用する、5000円札は女性にするという方針は、今回も変わっていませんが、

28

渋沢栄一の場合、文化人というよりは経済人です。さまざまな会社の設立にかかわり、日本経済の発展に貢献した渋沢栄一は、まさに紙幣の肖像にふさわしい人物だとして選ばれました。

渋沢栄一は過去にも紙幣の肖像の候補になったことがありましたが、そのとき選ばれなかった理由は、「ひげがなかった」からだといわれています。ひげのある人物の方が、偽造された紙幣を見たとき違和感を覚えるので気づきやすいのです。もっとも現在では偽造防止技術が進み、女性も含め、ひげのない人物の肖像でも問題はなくなりました。

およそ20年ごとに新紙幣を発行する目的の1つは、最新の偽造防止技術を採用することです。国立印刷局の工芸官の技術を維持するという目的もありますが、今回の新紙幣では、傾けるとホログラムの肖像の向きが変わって見える「3Dホログラム」を世界で初めて採用しました。目の不自由な人が触って紙幣の種類を識別できるマークもついています。このマークは現在の紙幣にもありますが、新紙幣では種類ごとに位置を変えているので、より識別しやすくなります。

紙幣の肖像に選ばれた3人は何をした人？

● 10000円札　渋沢栄一（1840～1931年）

現在の**埼玉県深谷市**の裕福な農家に生まれました。幕末に**徳川慶喜**につかえ、1867年のパリ万国博覧会への出展のためにフランスに渡り、ヨーロッパの文明を見聞する機会を得ました。帰国後、1873年には、**第一国立銀行を設立**しました（ここでいう「国立」とは「国営」という意味ではなく、「国の定めた条例に基づく」という意味）。そのほか、鉄道会社、製紙会社など、500以上の企業にかかわったことから、**「日本資本主義の父」**ともいわれます。東京女学館や日本女子大学校の創立にもかかわり、教育者としての一面もあります。

● 5000円札　津田梅子（1864～1929年）

現在の**東京都新宿区**で生まれました。1871年、**岩倉具視**らの使節団に同行して、満6歳で女子留学生としてアメリカに渡りました。1882年にいったん帰国しましたが、1889年に再びアメリカに渡り、大学で学んだ後、1892年に帰国しました。しかし、当時の日本では、女性は高い教育を受ける機会がなく、海外で学んで帰国しても、国内にはそれにふさわしい活躍の場がありませんでした。そのため、女性のための教育機関の必要性を痛感し、1900年に**「女子英学塾」**を設立しました。この「女子英学塾」が**「津田塾大学」**として正式な大学になるのは戦後になってからです。

● 1000円札　北里柴三郎（1853～1931年）

現在の**熊本県小国町**で生まれました。東京医学校（現在の東京大学医学部）を卒業後、1886年からドイツに留学し、結核菌を発見した**ロベルト・コッホ**の弟子になりました。傷口から入った菌による**「破傷風」**という感染症の研究に取り組み、破傷風菌の純粋培養に世界で初めて成功して**血清療法**を確立したのが、ドイツ時代の業績です。1894年には**ペスト菌**も発見し、1901年の第1回**ノーベル医学・生理学賞**の候補にもなりました。1914年には北里研究所を設立したほか、慶應義塾大学医学部の設立にもかかわり、初代医学部長を務めました。

（国立印刷局ホームページ https://www.npb.go.jp/ja/n_banknote/index.html より）

私立中学校の先生に聞きました
小学生に知っておいてほしいニュース TOP20　第18位

4 「こども家庭庁」が発足

「縦割り行政」をなくして「こどもまんなか社会」の実現をめざす

4月3日に行われたこども家庭庁の発足式。参加したこどもたちと小倉將信こども政策担当大臣（当時、右）が毛筆で書いた文字はこども家庭庁の看板に使われた

2023年4月1日、国のこども政策の司令塔になる新しい省庁「こども家庭庁」が発足しました。それまでこどもにかかわる仕事をしていた内閣府や厚生労働省の部署を1つにまとめたもので、「縦割り行政」の弊害を正すねらいがあります。内閣総理大臣直属の内閣府の外局という位置づけで、「こどもまんなか社会」の実現を目標としています。また、この日から「子どもの権利条約」の内容を踏まえ、こどもの意見を尊重するとした「こども基本法」も施行されました。こども家庭庁は、この法律の理念に従って仕事をしなければなりません。

 ## 「縦割り行政」の弊害を正す

　国にはたくさんの省庁がありますが、学校（幼稚園を含む）のことやいじめ対策は文部科学省が、保育所のことやこどもの虐待防止は厚生労働省が、幼稚園と保育所の両方の機能を持つ「認定こども園」のことやこどもの貧困対策は内閣府が、それぞれ担当していました。しかし、これらが横の連絡も調整も不十分なまま、ばらばらに仕事をする「縦割り行政」の問題が生じていました。

　そこで、内閣府や厚生労働省でこどもに関係する仕事をしていた部署を1つにまとめたのがこども家庭庁なのです。こどもが多くの時間を過ごす学校に関することは、引き続き文部科学省が担当しますが、連携をこれまで以上に密にします。

　こども家庭庁は、首相直属の内閣府の外局で、他の省庁が非協力的な場合、改善を求めることができる「勧告権」が与えられています。この点は、2021年9月に発足した「デジタル庁」と同じです。

 ## こどもの意見を政策に反映

　1989年に国連総会で採択された「子どもの権利条約（児童の権利に関する条約）」では、こどもは自分に影響のある事柄について、自由に意見を表明する権利があるとされています。こども基本法は、その内容を踏まえているため、こども家庭庁では、ホームページなどでこどもや若者の意見を聴き、それを政策に反映させようとしています。寄せられた意見も参考にして、政府は2023年末までに、これから5年程度先までのこども政策の方向性を定めた「こども大綱」を閣議決定する予定です。その基本方針として

「こども・若者を権利の主体として認識し、多様な人格・個性を尊重し、権利を保障し、いまとこれからの最善の利益を図る」などの6項目が示されました。

ここでいう「こども」には、18歳以上の者も含まれます。2022年4月から、民法上の成年年齢が「18歳以上」になりましたが、こども基本法では、こどもとは「心身の発達の過程にある者」と定義されたからです。この定義によれば、18歳以上だからこどもではないとは必ずしもいえないことになります。これまでは18歳に達すると、こどもではなくなったという理由で支援の対象から外れるということがありましたが、今後はそのようなことがなくなると期待されます。

「ヤングケアラー」支援にも取り組む

「ヤングケアラー」とは、病気や障害のある親、祖父母、兄弟姉妹などの介護や世話、食事の準備や洗濯などの家事を日常的に行っている18歳未満のこどもを指します。以前からその存在は指摘されていましたが、最近になって、ようやく支援が必要だと考えられるようになりました。これまでの内閣府や厚生労働省による調査結果を見ると、小学6年生で約15人に1人、中学生で約17人に1人、高校生で約24人に1人程度がヤングケアラーに当たるようです。学習やクラブ活動の時間がとれないだけでなく、自宅を離れられないため進学先も制約されるなど、さまざまな困難があります。しかし、本人はそのような状態が当たり前だと思い、自分がヤングケアラーに当たるという自覚がないことも多いのです。

また、収入がその国でちょうど真ん中の人と比べて、半分に満たないことを「相対的貧困」といいますが、そのような世帯で暮らす18歳未満のこどもの割合は約13.5％（2018年）にも上るという厚生労働省の調査結果があります。こどものおよそ7人に1人に相当しますが、特に親が1人の世帯では、ほぼ2人に1人という非常に高い割合です。十分な食事がとれない、さまざまな体験をする機会にも恵まれないなどの深刻な格差が生じています。これらも、こども家庭庁が取り組まなければならない課題の1つです。

こうしたこどもの貧困対策と地域での居場所作りを兼ねて、特定非営利活動法人（NPO法人）などが全国各地で、こどもが1人でも行けて、無料または安価で食事ができる「こども食堂」を開設しています。その食材を提供しているのは、安全性には問題がないのに規格外で売り物にならない食品を企業などから引き取る「フードバンク」と呼ばれる団体が多いようです。

子どもの権利条約（児童の権利に関する条約）
※政府訳

第3条　1　児童に関するすべての措置をとるに当たっては、（中略）児童の最善の利益が主として考慮されるものとする。
第12条　1　締約国は、自己の意見を形成する能力のある児童がその児童に影響を及ぼすすべての事項について自由に自己の意見を表明する権利を確保する。（以下略）

こども基本法

第2条　この法律において「こども」とは、心身の発達の過程にある者をいう。（以下略）
第3条　こども施策は、次に掲げる事項を基本理念として行われなければならない。
　1　全てのこどもについて、個人として尊重され、その基本的人権が保障されるとともに、差別的取扱いを受けることがないようにすること。
（中略）
　3　全てのこどもについて、その年齢及び発達の程度に応じて、自己に直接関係する全ての事項に関して意見を表明する機会及び多様な社会的活動に参画する機会が確保されること。
　4　全てのこどもについて、その年齢及び発達の程度に応じて、その意見が尊重され、その最善の利益が優先して考慮されること。

（以下略）

5 第20回統一地方選挙が実施される

道府県知事選挙、道府県議会議員選挙とも投票率は40％台で、過去最低を更新

大阪府知事に再選された吉村洋文氏（右）と、大阪市長に初当選した横山英幸氏（左）

2023年4月、第20回**統一地方選挙**が実施されました。まず9日には前半戦として、9つの道府県知事、41の道府県議会議員、6つの政令指定都市市長、17の政令指定都市議会議員の選挙の投票・開票が行われました。そして23日には後半戦として、政令指定都市以外の市町村と東京都の特別区の首長、議会の議員の選挙が実施されました。23日にはこのほかに、衆議院の4つの選挙区と参議院の大分選挙区で、任期途中で議員が死亡・辞職したために生じた欠員を補充するための補欠選挙も行われました。

 ### 統一地方選挙とは

　統一地方選挙とは4年に1度、地方公共団体（都道府県、市町村、東京都の特別区）の首長（都道府県知事、市区町村長）や議会の議員の選挙を全国いっせいに行うものです。第1回は**日本国憲法**施行直前の1947年4月でした。**首長や議員の任期はいずれも4年**であることから、以後、4年ごとに行われており、今回は第20回です。

　しかし、すべての市区町村で選挙があったわけではありません。首長は任期途中で死亡・辞職することがあり、選挙の時期は徐々に分散していくためです。今回、知事選挙が行われたのは、北海道、神奈川、福井、大阪、奈良、鳥取、島根、徳島、大分の9つの道府県のみでした。

　議会も解散されることがあります。東京都議会は1965年に、茨城県議会は1966年にそれぞれ解散されたため、それ以後は選挙の時期がずれました。また、2011年4月の統一地方選挙は**東日本大震災**の直後だったため、被害が大きかった岩手県、宮城県、福島県では選挙が延期され、以後は選挙の時期がずれました。さらに、1972年に日本に復帰した沖縄県は、はじめから選挙の時期が他の都道府県とずれています。今回の都道府県議会議員選挙は、これらの6都県を除く41道府県で行われました。

 ### 投票率は過去最低を更新

　この41道府県議会議員選挙のデータを見ると、さまざまな問題点が浮かび上がってきます。まず、投票率の低さです。41.85％と、有権者の半分も投票していない状況で、過去最低を更新しました。また、

939選挙区のうち、348選挙区では立候補者数が定数と同じでした。無投票で当選者が決まった選挙区が3分の1以上もあったのです。有権者にとっては選ぶ機会を奪われたともいえます。なお、当選者のうち女性の割合は14.0%でしたが、これでも過去最高でした。

今回の結果のあらまし

投票率の低さは知事選挙でも同様で、46.78%と過去最低を更新しました。これは、与党と主要な野党が同じ候補者を推す「相乗り」の県があるなど、有権者にとって、選択肢が事実上なかったことが大きく影響したからだと思われます。その結果、9道府県のうち6道府県で現職が勝利し、神奈川県では黒岩祐治氏が4回連続で当選しました。大阪府では地域政党である「大阪維新の会」の吉村洋文氏が再選を果たしました。奈良県では現職が敗れ、大阪維新の会の国政政党版である「日本維新の会」の新人が当選しました。

前半戦では、6つの政令指定都市の市長選挙と、17の政令指定都市議会の議員選挙も行われました。大阪市長には大阪維新の会の新人が当選し、札幌市長には、**冬季オリンピック・パラリンピック**を招致することに賛成の現職が当選しました。静岡市長には、県知事とは異なり、**リニア中央新幹線**の静岡県内の工事を行うことに賛成の新人が当選しました。

（「明るい選挙推進協会」ホームページほかより）

後半戦では、東京都の特別区の区長選挙と区議会議員選挙も行われました。品川区、杉並区、足立区では、選挙前から区長は女性でしたが、今回、江東区、豊島区、北区でも女性が当選し、女性区長は23人中6人になりました。また、杉並区や兵庫県宝塚市では、議会の議員のうち半数以上を女性が占めました。兵庫県芦屋市では、全国最年少の26歳の市長が誕生しました。

なお、同じ日に行われた補欠選挙では、衆議院の和歌山1区で、日本維新の会の候補者が与党の自由民主党（自民党）の候補者を破って当選しました。衆議院の千葉5区、山口2区、山口4区と参議院の大分選挙区では、いずれも自民党の候補者が当選しました。

私立中学校の先生に聞きました
小学生に知っておいてほしいニュース TOP20 第11位

6 「マイナンバーカード」の利用拡大が決定

2024年秋から健康保険証を廃止し、マイナンバーカードに一本化することが決定

5月31日、参議院の委員会でマイナンバー法改正案が可決され、一礼する
河野太郎・デジタル担当大臣

2023年6月2日、改正マイナンバー法が成立しました。これにより、2024年秋には従来の健康保険証が廃止され、医療機関にかかる際には、**マイナンバーカード**を健康保険証として使うことになりました。しかし、カードの取得は任意（希望者のみ）だとされているのに、これでは取得を事実上強制することになります。また、2023年の春から夏にかけては、マイナンバーカードをめぐるミスやトラブルが相次いで発生・発覚しました。それでも従来の健康保険証を廃止しようとしている政府の姿勢には批判が集まっています。

マイナンバー制度の目的

マイナンバー制度とは、日本に住む人1人ひとりに12けたの番号を振り、それぞれの人が税金や年金保険料をいつ、どのくらい納めたかなどの情報を管理する制度です。2016年1月からスタートしました。その目的の1つは「行政の効率化」にあるとされています。あ

【おもて面】

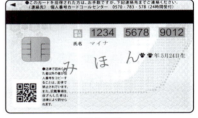
【うら面】

「マイナンバーカード」の見本
（総務省ホームページより）

る機関が管理するAさんと、別の機関が管理するAさんが同じ人物であることが簡単に確認できるようになったのです。

　希望者には、運転免許証などと同じように本人確認書類として利用できる**「マイナンバーカード」**が発行されます。このカードが発行されるときは、本人自身が暗証番号を設定します。オンラインで何らかの手続きをするとき、その番号を間違えなければ、確かに本人であることが証明され、「なりすまし」が防げるというわけです。これにより、「国民の利便性が向上」したと政府は主張しています。2023年9月24日の時点でのマイナンバーカードの累計交付枚数は9586万8032枚となっており、これは人口の約4分の3に相当します。

　しかし、最大のねらいは何といっても、税金を確実に徴収し、脱税を防ぐことにあるといえます。税

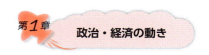

金をきちんと納めている人が、ごまかしている人に対して感じる不公平感をなくし、「公正・公平な社会の実現」をはかるのも目的とされています。

当初は社会保障、税、災害対策の3分野のみでの利用でしたが、現在では、利用範囲が金融や医療の分野にも拡大されています。しかし、政府が「番号は絶対に他人に知られてはならない」と強調しすぎたためか、「使い道が増えると持ち歩く機会が多くなる。もし落としたら、それを拾った誰かが自分になりすまして悪用するかもしれない」と恐れている人が少なくないようです。実際には、カードの中のマイクロチップには、税や年金のデータは入っていないので、暗証番号とセットでもれなければ、特別にリスクが高いとはいえません。

 さまざまなトラブルも発生

2023年に発生、または発覚したマイナンバーカードをめぐるトラブルとしては、まずコンビニで自分の住民票を取ろうとしたら、他人のものが発行されてしまったということがありました。

現在は任意となっている預貯金口座へのひもづけでも問題が見つかりました。あるマイナンバーが本人の口座ではなく、家族の口座とひもづけされていたケースがたくさんあったのです。マイナンバーは戸籍をもとにしていますが、戸籍には、実は読み仮名がついていません。一方、預貯金口座は名前をカタカナで管理していることが多く、いわば「読み仮名しかない」のです。つまり、マイナンバーと口座が同一人物のものかどうか、照合することはそもそも不可能だったというわけです。

こうした根本的な問題があることがわかったので、2023年6月、戸籍法が改正され、戸籍にも読み仮名を入れることになりました。

夫

代々木　美樹
（よよぎ　よしき）

妻

代々木　美紀
（よよぎ　みき）

どちらのものかわからない！

 かかった医療費の全額を請求されたケースも

さらに深刻なのは、マイナンバーが他人の医療情報とひもづけされていたケースが見つかったことです。すでに一部の人は、マイナンバーカードを健康保険証として利用していますが、何らかのトラブルにより、自分が保険加入者であることを証明できなかったため、本来なら、かかった医療費の一部だけを負担すればよいものが、全額を請求されたケースがありました。そのため厚生労働省は、そのような場合でも患者本人の申し出があれば、全額を請求されることがないようにする方針です。

また、カードには有効期限があり、定期的に更新しなければなりませんが、その際には暗証番号が必要です。しかし、高齢者などの中には、それを忘れてしまって更新できなくなる人も出てくるでしょう。自分の情報を自分で管理できる人だけがカードを持つのなら、問題は少ないともいえますが、事実上、すべての人が持たざるをえなくなると、こうした問題が次々に発生することが懸念されています。このため、政府は7月になって、高齢者などに対しては暗証番号を設定しなくてもカードの発行ができるようにする方針を決めました。

政府がすべての情報を総点検

　このようにミスが続出して国民の不安が高まっていることを受け、政府は、カードの取得者が専用サイトで見られるすべての情報を総点検することにしました。その終了時期は11月末を見込んでいます。8月4日、岸田首相は記者会見を開き、2024年秋に予定通り従来の健康保険証を廃止するかどうかは、点検作業を見て判断すると述べました。また、カードの取得を希望しない人に対しては、保険加入者であることを証明する「資格確認書」が発行されることになっていましたが、その有効期限を、1年から最長5年に延ばす考えも明らかにしました。この資格確認書は、本人からの申請がなくても「プッシュ型」で交付される見込みです。

デジタル化を推進する「デジタル庁」

　マイナンバーカードの普及は、2021年9月に新設されたデジタル庁が中心になって進めています。デジタル庁の長は内閣総理大臣ですが、その下にデジタル改革担当大臣も置かれています。日本はデジタル化が遅れているといわれますが、省庁や地方公共団体によって採用しているシステムがばらばらなのも、その原因の1つです。これを統合していくのも、デジタル庁の目的の1つで、大臣には、他の省庁への勧告権も与えられています。

「LGBT理解増進法」が成立

　2023年6月16日、「性的指向及びジェンダーアイデンティティの多様性に関する国民の理解の増進に関する法律（LGBT理解増進法）」が成立しました。ジェンダーとは社会的・文化的につくられた性別のことで、生物学的な性別とは区別して考える必要があります。性的指向とは、どの性別を好きになるかということを、ジェンダーアイデンティティ（性自認、性同一性）とは、自分の性別をどう認識しているかを、それぞれ表します。

　性的指向が同性に向かう人や、ジェンダーアイデンティティが生まれたときに割り当てられた性別と異なる人は、少数派ではあっても、決して異常ではないのですが、これまでは差別や偏見に苦しんできました。こうした人の人権を、法律を作って積極的に守っていくことが必要だと考えられるようになったのです。

　この法律では、「全ての国民が、その性的指向またはジェンダーアイデンティティにかかわらず、等しく基本的人権を享有するかけがえのない個人として尊重される」「性的指向及びジェンダーアイデンティティを理由とする不当な差別はあってはならない」とされています。国は、国民の理解増進のための基本計画を策定すること、学校は、家庭や地域住民らの協力を得て教育や啓発活動に取り組むことなどが定められました。

　議論の過程では、条文をめぐる対立もあり、字句のわずかな違いで解釈が変わるとして修正が繰り返されました。法律の成立は出発点にすぎず、多様性が尊重される社会を実現させていくのは、これからだといえます。

第 2 章 激動する国際社会

ひと目でわかる時事イラスト ……………………………………………………38

1 長期化するウクライナでの戦争 ……………………………………………40

2 インドの人口が世界一に ……………………………………………………48

3 中国の習近平国家主席が3期目 ……………………………………………50

4 トルコ大地震とシリア情勢 …………………………………………………52

5 イギリスがTPPに正式に加盟 ………………………………………………54

ひと目でわかる **時事イラスト**

5月 G7広島サミットを開催 ウクライナ支援継続とロシア制裁強化を確認

第2章 激動する国際社会

国際刑事裁判所（ICC）から逮捕状を出された
ロシア　ウラジーミル・プーチン大統領
BRICS首脳会議にはオンラインで参加

2024年からBRICSにイラン、サウジアラビア、アラブ首長国連邦、エジプト、エチオピア、アルゼンチンが加わる

2023年、人口が中国を抜いて世界一に
9月には首都でG20サミットを開催
インド　ナレンドラ・モディ首相

「グローバルサウス」の国々はロシアを強くは非難せず
ブラジル　ルイス・イナシオ・ルラ・ダ・シルバ大統領

南アフリカ共和国　シリル・ラマポーザ大統領

2023年から3期目に入った
中国　習近平国家主席
G20サミットは欠席

8月　南アフリカ共和国でBRICS首脳会議を開催

ロシアのウクライナ侵攻は国連憲章違反と非難
国連　グテレス事務総長

ロシアが核兵器を持ち込む
ベラルーシ　ルカシェンコ大統領

トルコで**エルドアン大統領**が再選
フィンランドのNATO加盟を認める

日本との関係を改善　福島原発処理水の海洋放出に理解を示す
韓国　尹錫悦大統領

福島原発処理水は国際的な安全基準に合致していると認める
国際原子力機関（IAEA）　グロッシ事務局長

イギリス国王チャールズ3世が戴冠式
73歳での即位はイギリス史上最高齢

私立中学校の先生に聞きました
小学生に知っておいてほしいニュース **TOP20** 第10位 国連　第13位 NATO

1 長期化するウクライナでの戦争
戦争犯罪も多発し、被害は拡大する一方。世界の食料供給にも影響

2023年7月23日、ミサイルが命中し、破壊されたオデーサ大聖堂

2022年2月24日、**ロシアはウクライナへの侵攻**を開始しました。ロシアは当初、短期間で勝利できると思っていたようですが、ウクライナ側の激しい抵抗は2023年9月現在も続いています。**国連安全保障理事会は常任理事国の1つであるロシアの拒否権行使**により行動できず、**北大西洋条約機構（NATO）**の力でヨーロッパの安全を維持している状態です。ロシアは核兵器を使うこともありうるとウクライナを脅し、民間人や民間施設への攻撃を繰り返しているため、被害は拡大し続けています。停戦への道筋はまったく見えていません。

 ウクライナは旧ソビエト連邦の国の1つ

　ウクライナはロシアと同様に、**ソビエト社会主義共和国連邦（ソ連）**を構成していた15の共和国の1つです。面積は約60万km²と日本の約1.6倍あり、旧ソ連の中ではロシア、カザフスタンに次いで3番目に広い国です。人口は約4000万人（関東地方と同じくらい）で、旧ソ連の中ではロシアの次に多くなっています。ソ連の中でも重要な共和国だったといえます。

　それだけにロシアにとっては、1991年のソ連崩壊により、ウクライナが別の国になったことは大きな打撃でした。ウクライナは言語や宗教の面でもロシアと共通性があります。ウクライナ語とロシア語はどちらもインド・ヨーロッパ語族のスラブ語派に属し、文法や単語が似ています。宗教も、両国の国民の多くはキリスト教のうち、カトリックともプロテスタントとも異なる東方正教会の信徒です。こうしたことからロシアの**プーチン大統領**は、ウクライナ人はロシア人の一部であり、独立した民族とはいえないと考えているようです。

　しかし、ウクライナでは1991年の独立以来、「自分たちはウクライナ人」という意識が育っていて、プーチン大統領のこうした考えは受け入れがたいものなのです。

 2014年から始まっていた戦い

　ただ、ウクライナ国民の意識には地域によってやや差があります。西部では、ロシアから離れてヨーロッパの一員になりたいという意識が強いのに対して、東部には「親ロシア派」もいます。国の方針も揺

40

れ動いていました。

2014年には、親ロシア派の政権が倒れて、親欧米派の政権が成立したため、ロシアとの関係は険悪化しました。東部の「親ロシア派」の住民が多い地域は、ウクライナから独立したと一方的に宣言し、ロシアの支援を受けて、政府軍と内戦状態になったのです。ロシアの重要な海軍基地がある**クリミア半島**も独立を宣言し、ロシアはその直後に、住民投票の結果だと称してクリミアを併合しました。しかし、日本をはじめ、世界の多くの国は、クリミアがロシアの領土になったとは認めず、現在もウクライナの領土だとみなしています。

これは、2022年9月にロシアが併合したと宣言したウクライナの東部から南部の4つの州についても同様で、現在もウクライナの領土であることに変わりはありません。

5つの常任理事国にだけ認められている「拒否権」とは

国際連合（国連）は第二次世界大戦後の1945年、第二次世界大戦を防げなかった国際連盟の反省を踏まえて創設されました。「われらの一生のうち二度まで言語に絶する悲哀を人類に与えた戦争の惨害から将来の世代を救う」ことがその目的だとされています。ところが、ウクライナでの戦争を止めることはできていません。それはなぜでしょうか。

国連には**総会、安全保障理事会、経済社会理事会、信託統治理事会**（対象となる地域がすべて独立したため活動停止）、**国際司法裁判所、事務局**の6つの主要機関がありますが、最も重要なのは安全保障理事会です。もし紛争などが発生して平和が脅かされたとき、どう解決するかを加盟国を代表して決める役割があります。安全保障理事会が認めていないのに武力行使をすれば、国連の憲法ともいえる**国連憲章**に違反することになります。

安全保障理事会は、**アメリカ、イギリス、フランス、ロシア、中国の常任理事国5か国**と、**任期2年の非常任理事国10か国**から成っ

安全保障理事会の議場

ており、このうち9か国以上の賛成で決議は成立します。しかし、5つの常任理事国のうち1か国でも反対すると、9か国以上の賛成があっても決議は成立しません。この権利を「拒否権」といいます。ただし、「反対」ではなく「棄権」であれば拒否権を行使したことにはなりません。

　なぜ、この5か国にだけ、こうした特権が認められているかというと、国連は第二次世界大戦で勝利した「連合国」が発展したものだからです。第二次世界大戦に勝った国のうち、主要な5か国(アメリカ、イギリス、フランス、ソビエト連邦、中華民国)の意見が一致しないと、国際秩序を維持していくのは難しいと考えられました。現在では、常任理事国の地位は、ソビエト連邦からロシア連邦に、中華民国から中華人民共和国に、それぞれ引き継がれたものとみなされています。

ロシアの拒否権行使により、安全保障理事会は行動できず

　したがって、5つの常任理事国のいずれかが、国際秩序を乱す側に回ると、安全保障理事会は何の行動もとれないことになります。2022年2月24日にロシアがウクライナ侵攻を開始すると、翌25日、安全保障理事会はロシアに対して、武力行使をただちにやめてウクライナから撤退することを求める決議を採択しようとしました。ところが、ロシアが拒否権を行使したため、否決されたのです。

　このため、3月2日には国連総会で、加盟193か国のうち、141か国の賛成でロシアを非難する決議を採択しました。棄権したのは中国、インドなど35か国で、12か国は投票しませんでした(事実上の棄権)。反対は、ロシア、ベラルーシ、朝鮮民主主義人民共和国(北朝鮮)、シリア、エリトリアの5か国でした。しかし、国連で法的拘束力を持つ決議ができるのは安全保障理事会だけで、総会の決議には拘束力がありません。それでも、ロシアの行為は国連憲章に違反していると、国際社会全体で確認することにはなりました。

　2023年2月23日にも、改めて同様の決議が採択されました。賛成は141か国、棄権は中国、インドなど32か国、投票しなかったのは13か国、反対したのはロシア、ベラルーシ、北朝鮮、シリアなど7か国でした。1年前の決議とほとんど変わらない結果だったといえます。

　日本を含む主要7か国(G7)、ヨーロッパ連合(EU)加盟国、トルコを除く北大西洋条約機構(NATO)加盟国は、いずれもロシアに厳しい態度をとって、経済制裁を科しています。ロシアからは極力物を買わない、戦争に使えるような物は売らないということです。一方、中国、インドなどのアジア諸国、アフリカ諸国、中南米諸国の多くは、ロシアを積極的に支持しているわけではないものの、強く非難することも避けています。自国とロシアとの関係を考えてのことです。こうした国々は、欧米の先進国より相対的に南に位置しているため、「グローバルサウス」といわれます。

日本に続いて、韓国も国連安全保障理事会の非常任理事国に

　一方、任期が2年の非常任理事国10か国は、5か国ずつ2グループに分かれ、任期が1年ずれています。2022年6月には、2023～24年の非常任理事国が選ばれました。アジアからは日本、ヨーロッパから

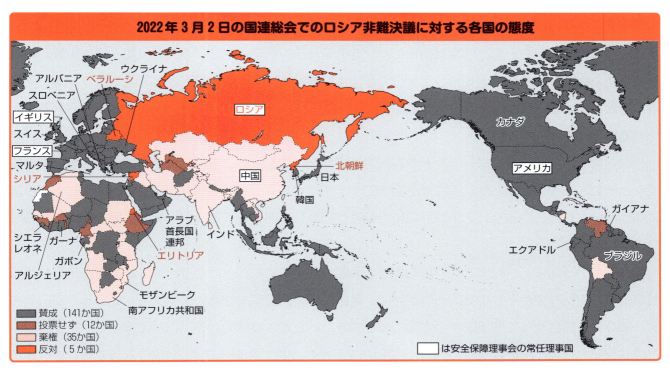

はスイスとマルタ、アフリカからはモザンビーク、中南米からはエクアドルが選出されました。**日本の選出は12回目**で、これは加盟国中最多です。

この5か国の任期は、2023年1月1日から始まりましたが、2023年6月には、2024〜25年の非常任理事国も選出されました。アジアからは韓国が、アフリカからはアルジェリアとシエラレオネが、中南米からはガイアナが、それぞれ無投票で選ばれました。東ヨーロッパからの1か国は、EUとNATOの両方に加盟しているスロベニアと、ロシアの同盟国であるベラルーシとの投票になり、大差でスロベニアに決まりました。つまり、2024年の1年間は、日本と韓国が同時に非常任理事国を務めることになります。

アジアでは、ロシアを強く非難している国は少ないのですが、その中でも韓国は日本と並んで、ロシアを強く非難して経済制裁を科すとともに、ウクライナを支援している国です。

国連安全保障理事会の構成

	ロシアを強く非難し経済制裁		ロシアを強くは非難せず		
常任理事国	アメリカ、イギリス、フランス		ロシア、中国		
	ヨーロッパ	アジア	中東	アフリカ	中南米
非常任理事国(2022〜23年)	アルバニア		アラブ首長国連邦	ガーナ、ガボン	ブラジル
非常任理事国(2023〜24年)	スイス、マルタ	日本		モザンビーク	エクアドル
非常任理事国(2024〜25年)	スロベニア	韓国		アルジェリア、シエラレオネ	ガイアナ

 ## 北大西洋条約機構（NATO）とは

今回のロシアによるウクライナ侵攻では、国連が事実上、機能していないため、**北大西洋条約機構（NATO）**の力でヨーロッパの安全を守らなければならなくなっています。

NATOとは、北大西洋をはさんで向かい合うヨーロッパ諸国とアメリカ、カナダによる軍事同盟です。

もし、**加盟国のうち1か国でも攻撃された場合は、加盟国全体への攻撃とみなして、共同で反撃**することになっています。もともとは**冷戦**時代に、ソ連の脅威に対抗するためにつくられた、資本主義国の同盟でした。世界最強の軍事力を持つアメリカが含まれていますから、NATO加盟国を攻撃すれば、アメリカを敵に回すことになります。よって加盟すれば、単独では軍事力の弱い国でも安全が守られることになるのです。

そのため、冷戦終結後はポーランドやルーマニアなど、東ヨーロッパの旧社会主義国も加盟を希望し、次々とそれを実現させました。2022年2月のロシアのウクライナへの侵攻前の時点で、加盟国は30か国になっていました。つまり、アメリカの勢力範囲が拡大し、旧ソ連・ロシアの勢力範囲が縮小したわけです。

ロシアという国は、これまでに何度も陸続きの国から侵略され、そのたびに大きな被害を出しながらも撃退してきた歴史があります。それだけに、敵国やその同盟国と直接、国境を接していると安心できず、隣り合う国はすべて同盟国か中立国にしておきたいと考える傾向が強いといえます。

ウクライナもNATOへの加盟を希望しています。それがもし実現すれば、自国にとって脅威になるとロシアは考えて、ウクライナ侵攻に踏み切ったのではないかとみられています。

フィンランドがNATOに加盟、スウェーデンも加盟へ

2022年5月には、北ヨーロッパの**フィンランド、スウェーデン**がそのNATOに新たに加盟することを申請しました。これまではロシアを刺激しないためという理由もあって、中立政策をとってきましたが、そうも言っていられなくなったという判断からです。

ところが、この2か国のNATO加盟に、加盟国の1つである**トルコ**は難色を示しました。トルコには、国内に**クルド人**という少数民族がいますが、その独立や自治をめざす組織を、政府は「テロリスト」とみ

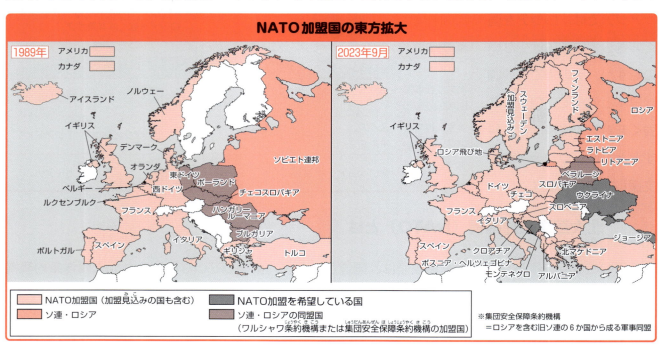

NATO加盟国の東方拡大

なして弾圧しています。そのため、国外に逃れたクルド人も多いのですが、フィンランドやスウェーデンは、そのようなクルド人を難民として受け入れ、保護しているからです。

NATO加盟国というのは、それぞれの加盟国がアメリカの同盟国であるというだけでなく、加盟国のうちどの2か国を取り出しても、お互いに同盟国だという関係になります。その相手の国を守るために、自国の兵士が血を流すことになるかもしれないのですから、すでに加盟しているすべての国の賛成が得られなければ、新たに加盟することはできないのです。

2023年4月4日、ロシアと長い国境を接しているフィンランドのNATO加盟が実現し、加盟国は31か国になりました。さらに、2023年7月に行われたNATO加盟国の首脳会議では、スウェーデンの加盟に難色を示していたトルコが加盟を認める姿勢に転じたため、スウェーデンの加盟も近く実現する見込みです。

2023年7月にリトアニアで行われたNATO加盟国の首脳会議

 ## NATOはウクライナを支援するも、ロシアと直接は戦わず

ウクライナはNATO加盟国ではありませんが、ウクライナの主権維持がヨーロッパの安全保障上重要であることなどから、アメリカ、イギリス、ドイツなどNATO加盟国はウクライナに対して、ロシアと戦うための武器などを支援し続けています。しかし、直接ロシアと戦うことはしていません。ロシアを追い詰めすぎると核兵器で反撃される可能性があるからです。一方、ロシア側も、NATO加盟国を攻撃することはしていません。このため、たくさんの国が参加する戦争に発展することは今のところ避けられています。

悲惨なニュースが日々伝えられるなか、停戦を求める声もありますが、ウクライナにとっては、現状での停戦は、すでにロシアに奪われた領土をあきらめることを意味します。一方、ロシアにとっても、ウクライナ侵攻は失敗だったと認めることになります。どちらも停戦を考えてはいない状況で、この戦争は数年続く長期戦になるおそれも出てきました。

 ## 現在の国際社会では、戦争をすること自体が国際法違反

日本や欧米諸国がロシアのウクライナ侵攻を強く非難しているのは、国際法に明らかに違反しているからです。国際法とは、国際社会を構成するすべての国が守らなければならないルールのことで、明文化されてはいないものの、慣習としてそうなっているというものから、条約として明確な文で定められているものまであります。現在の国際社会では、戦争をすること自体が国際法違反とされます。国連憲章第2条第4項には、「すべての加盟国は、その国際関係において、**武力による威嚇又は武力の行使**を、(中略) 慎まなければならない」とあります。

かつては、戦争自体は国際法違反ではありませんでした。ヨーロッパ諸国は何度も戦争を繰り返すな

かで、戦争にもルールがあるべきだ、何をやっても許されるわけではないと考え、国際法を発達させてきました。簡単にまとめると、「軍人や軍事施設だけを攻撃し、民間人や民間施設を攻撃してはならない」「残虐な兵器を使ってはならない」というのがルールです。民間人を殺したり、傷つけたりすることや、学校や病院といった民間の施設を攻撃することは厳禁で、軍人であっても、いったん捕虜になった後は虐待することは許されません。また、核兵器、生物兵器、化学兵器などの大量破壊兵器を使うことも、もちろん違法です。

「クラスター爆弾」もオスロ条約により禁止されています。親爆弾を投下すると、その容器の中にあるたくさんの子爆弾が広い範囲に飛び散り、被害を拡大させるからです。ところが、オスロ条約に加盟していないアメリカはバイデン大統領が2023年7月、ウクライナにクラスター爆弾を供与することを発表しました。これに対してはイギリス、ドイツ、スペインなど、アメリカの同盟国も批判しています。

国際刑事裁判所がプーチン大統領に逮捕状

こうした戦争犯罪が行われた場合、その責任者を裁くため、「国際刑事裁判所（ICC）」がオランダのハーグに置かれています。同じハーグにある国際司法裁判所は、国と国との争いを裁くのが役割ですが、国際刑事裁判所は、個人の犯罪を裁くものです。

2023年3月、国際刑事裁判所はプーチン大統領の逮捕状を出し、戦争犯罪人として国際指名手配しました。多数のウクライナの子どもたちを親から引き離してロシアに連れ去ったことに関与した疑いが持たれています。特定の民族集団や宗教集団を破壊しようとする行為は「ジェノサイド」にあたり、国際法違反です。たとえ直接殺さなくても、ロシア人として育て直そうとしているなら「ジェノサイド」の定義にあてはまります。

オランダのハーグにある国際刑事裁判所の建物

これにより、国際刑事裁判所ローマ規程に加盟している日本を含む約120か国は、もしプーチン大統領が入国したら逮捕する義務を負いました。本当に逮捕すればロシアとの関係が決定的に悪化するため、簡単にできることではありませんが、法的にはそうしなければならないのです。このため、プーチン大統領は今後、ロシア国外で行われる国際会議などへの出席が困難になりました。

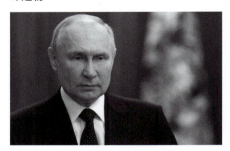

逮捕状が出されたロシアのプーチン大統領。2023年8月に南アフリカ共和国で開かれたBRICS首脳会議にはオンラインで参加した

大規模ダムの決壊による被害も発生

民間施設への攻撃も多発しています。ウクライナの中央部を南北に流れて黒海へと注ぐドニプロ川には、大規模なダムが造られていますが、その1つであるカホフカダムが、2023年6月に決壊しました。このダムより下流では、広い範囲が浸水し、都市だけでなく農地も被害を受けました。

ウクライナは世界でも有数の農業国で、小麦やとうもろこしを多く生産し、中東・アフリカなどの国々に輸出していますが、その生産に大きな影響が出そうです。有害物質や地雷も拡散しました。

ヨーロッパで最大級の原子力発電所であるザポリージャ原発の冷却水も、このダムの水を使っていました。原発は常に冷やし続けていなければ、重大な事故につながります。原発のある地域で戦闘を続けていれば、不測の事態がいつ起こってもおかしくありません。

民間施設の破壊なので、人為的なものなら戦争犯罪にあたります。ロシアとウクライナは、ともに相手のしわざだとして非難しあっています。これについても、国際刑事裁判所が調査を開始しました。

 ウクライナからの穀物輸出が再び滞るおそれ

さらに、2023年7月には、オデーサ大聖堂にミサイルが命中し、損傷を受けました。この大聖堂を含むオデーサ歴史地区は、2023年1月に、**国連教育科学文化機関（ユネスコ）の世界文化遺産**に登録されたばかりでした。これについてユネスコは、「意図的な文化財の破壊は戦争犯罪にあたる可能性がある」との声明を出しました。

世界遺産のなかには、紛争や開発により、破壊の危機にさらされている**「危機遺産」**もあります。たとえば、内戦が続く**シリア**国内の6つの世界遺産は、すべて危機遺産になっています。オデーサ歴史地区は、当初から危機遺産として登録されました。ウクライナでは他に、キーウの聖ソフィア大聖堂や、リビウ歴史地区も危機遺産とされました。

オデーサは、ウクライナ産の穀物の積み出し港としても重要です。ウクライナからの輸出が滞ると、中東やアフリカの人々は食料不足に苦しむおそれもあるため、国連、ウクライナ、ロシア、トルコが話し合って、黒海を航行する貨物船の安全を保障することに合意していました。ところが、ロシアは2023年7月、その合意から離脱すると宣言しました。こうしたロシアの行動は「食料を人質にとっている」と非難されています。

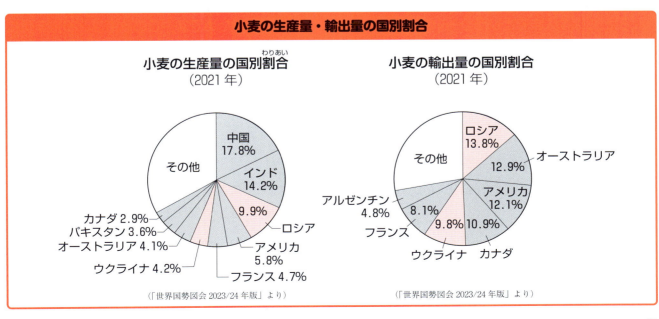

小麦の生産量・輸出量の国別割合

私立中学校の先生に聞きました
小学生に知っておいてほしいニュース **TOP20** 第**2**位

2 インドの人口が世界一に

世界の人口が80億人を突破。中国の人口は減少に転じる

インドを代表する大都市の1つであるムンバイの市場に集まる人々（2023年3月）

国連の推計によると、2022年11月、**世界の人口が80億人に達したとされ**ています。70億人に達したとされるのは2011年10月だったので、約11年で10億人増えたことになります。また、2023年4月に国連人口基金が発表した「世界人口白書2023」によると、2023年半ばの時点でのインドの人口は約14億2860万人、中国の人口は約14億2570万人だとされています。**インドが中国に代わって、人口が世界一の国**になったということです。将来はインドのほか、アフリカの人口も急増すると予測されています。

 中国の人口がついに減少

　世界の中でも特に人口が多い地域は、何といってもアジアです。東アジア（日本、中国、朝鮮半島など）、東南アジア、南アジア（インドなど）の人口を合わせると40億人を超え、世界の半分以上になります。米を主食としているこうした地域の人口が多いのは、米は他の作物と比べ、同じ面積でより多くの人口を養えるということが影響しています。

　とはいえ、人口が急増すると食料生産がそれに追いつかないなどの理由から、生まれる子どもの数を制限する必要があると、以前は考えられていました。中華人民共和国（中国）が1970年代末から、夫婦1組に子どもは1人までという「**一人っ子政策**」をとってきたのもそのためです。この政策は、2010年代に廃止されましたが、出生数は増えていません。どんな国でも、ある程度豊かになると出生率は下がってくる傾向があります。中国の**合計特殊出生率**は、すでに日本と同程度まで下がっているのではないかと思われます。

　2023年1月には、中国が2022年末時点での総人口（香港・マカオ・台湾を除く）を発表しました。前年末より約85万人少ない14億1175万人だったとのことですが、人口が減少に転じたと、中国政府が認めたのは歴史的です。これから急激な高齢化と人口減少により、経済成長にブレーキがかかる可能性は高いといえます。

　一方、インドの人口はまだ増え続けます。しかも、若い世代が多いため、さらなる経済成長が期待されているのです。現時点で人口が世界第3位のアメリカは、これからも移民を受け入れるため、大きく

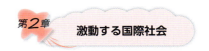

人口が減ることはないと予測されています。中国の国内総生産（GDP）は現在、アメリカに次いで世界第2位ですが、いったんアメリカを抜いて世界一になったとしても、その後、抜き返されるという予測もあるほどです。

将来はアフリカの人口が急激に増加

世界の人口は19世紀初めには10億人ほどでした。それが20世紀には、戦争や感染症の流行が繰り返されたにもかかわらず、食料生産が増加したこと、医療技術や衛生状態の向上で平均寿命が延びたことなどにより、急カーブで人口が増えるようになりました。

現在では、発展途上国でも少子化が始まっているため、世界の人口は2080年代の104億人をピークに、以後は減少していくと予測されています。ただし、アフリカでは、人口の急増は依然として深刻で、大気汚染、水不足、砂漠化といった環境問題のさらなる悪化が予想されます。大都市では、交通渋滞が激化する、ごみ処理が追いつかなくなる、貧困層が劣悪な環境で暮らすスラムが拡大するといった事態が考えられます。

アフリカ54か国の人口の合計は、2023年の時点でほぼ14億人です。アフリカで最も人口が多いナイジェリアは将来、インド、中国に次ぐ世界第3位の人口大国になると予測されます。近年では、エチオピア、エジプトも相次いで人口が1億人に達しました。アフリカの人口は、21世紀末には40億人にもなると考えられています。

アジアでも、インドネシアとパキスタンの人口はそれぞれ3億人を超える見込みです。将来はインド洋沿岸が世界の経済の中心になるかもしれません。

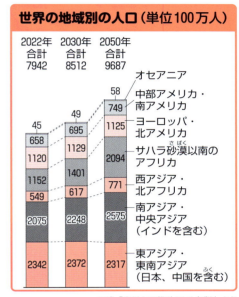

国連「世界人口推計2022年版」より

人口の多い国ベスト10（2022年）		
1位	中国（東アジア）	14億2600万人
2位	インド（南アジア）	14億1200万人
3位	アメリカ（北アメリカ）	3億3700万人
4位	インドネシア（東南アジア）	2億7500万人
5位	パキスタン（南アジア）	2億3400万人
6位	ナイジェリア（アフリカ）	2億1600万人
7位	ブラジル（南アメリカ）	2億1500万人
8位	バングラデシュ（南アジア）	1億7000万人
9位	ロシア（ヨーロッパ）	1億4500万人
10位	メキシコ（中部アメリカ）	1億2700万人

※日本（東アジア） 1億2400万人

人口の多い国ベスト10（2050年予測）		
1位	インド（南アジア）	16億6800万人
2位	中国（東アジア）	13億1700万人
3位	アメリカ（北アメリカ）	3億7500万人
3位	ナイジェリア（アフリカ）	3億7500万人
5位	パキスタン（南アジア）	3億6600万人
6位	インドネシア（東南アジア）	3億1700万人
7位	ブラジル（南アメリカ）	2億3100万人
8位	コンゴ民主共和国（アフリカ）	2億1500万人
9位	エチオピア（アフリカ）	2億1300万人
10位	バングラデシュ（南アジア）	2億400万人

国連「世界人口推計2022年版」より

3 中国の習近平国家主席が3期目

トップは2期10年で退いていた前例を破り、自身に権力を集中

3月の全国人民代表大会で国家主席に3選された習近平国家主席

中華人民共和国（中国）は、中国共産党による事実上の一党独裁体制で、国民は選挙で国のトップを選ぶことができません。現在は、中国共産党という組織の中でトップの「中央委員会総書記」に上り詰めた人物が、国のトップである「国家主席」を兼ねるようになっています。2012年に総書記に、2013年に国家主席に就任した習近平氏は、2022年10月に総書記に、2023年3月に国家主席に、それぞれ3期連続して選ばれ、3期目の習近平体制が始動しました。これに対し、中国の海洋進出や人権侵害を問題視する日本やアメリカは警戒を強めています。

江沢民氏、胡錦濤氏は2期10年で退任

1億人近い党員を抱える中国共産党にはいろいろな考えの持ち主がいますが、国の外交方針や経済政策など大切なことは幹部らの合議で決め、特定の個人に権力が集中しすぎないようにすれば、個人の誤った判断から国が大混乱に陥ることは避けられるという考えもあって、総書記は2期10年で退くのが慣例とされてきました。憲法でも、国家主席を務められるのは2期10年までと制限されていました。これに従い、江沢民国家主席（在職1993〜2003年）も、胡錦濤国家主席（在職2003〜2013年）も10年で退いてきました。

この前例からすると、2013年に国家主席に就任した習近平氏も、2023年には退くはずでした。ところが、2018年に憲法が改正され、2期10年までという制限がなくなりました。これにより習近平氏は、2022年10月の中国共産党大会で3期連続して総書記に選ばれ、2023年3月の全国人民代表大会（日本の国会に相当）でも、3期連続して国家主席に選ばれました。自身を含む7人の中央政治局常務委員も側近で固め、中国は共産党の集団指導体制から、習近平氏個人に権力が集中する体制になったといえます。

中国の海洋進出と台湾問題

中国は近年、盛んに海洋進出を行い、周辺の国々と対立するようになっています。東シナ海では、沖縄県石垣市に属する日本の領土である尖閣諸島を、自国の領土だと主張しています。南シナ海では、南沙諸島（スプラトリー諸島）を自国の領土だと主張し、ベトナムやフィリピンと対立しています。

その東シナ海と南シナ海をつなぐ重要な位置にあるのが台湾です。事実上は中国本土とは別の国のようになっていますが、中国政府は、台湾は中国の一部だと主張しています。そして、他の国に対して、両方と国交を維持することを、決して認めません。このため、台湾を国家だと認めている国は、中南米やオセアニアを中心にわずか十数か国しかない状態です。

しかも中国政府は、場合によっては、武力で統一を図ることもありうると、繰り返し主張しています。これに対して、日本やアメリカは、台湾を国家だとは認めていないものの、中国政府による「力による一方的な現状変更」も認めないという立場です。

その台湾のトップである「総統」を決める選挙が、2024年1月に行われる予定です。現在の蔡英文総統の与党である民主進歩党の候補者が勝つか、より中国寄りとされる野党の中国国民党の候補者が勝つか、注目されます。

新疆ウイグル自治区や香港での人権問題

少数民族の人権侵害や、民主化運動の弾圧も問題視されています。主にイスラム教徒のウイグル族が多く住む北西部の新疆ウイグル自治区では、民族の言語や宗教が尊重されていないばかりか、ウイグル族が強制労働をさせられている疑いもあるため、アメリカは、この地域で生産された製品の輸入を禁止しました。新疆ウイグル自治区では綿製品のほか、太陽光パネルも多くつくられています。

一方、香港は、イギリスの植民地でしたが、1997年に中国に返還され、「特別行政区」になりました。このとき中国政府は、香港では社会主義を適用せず、50年間は資本主義を維持することを約束しました。このことを「一国二制度」といいます。ところが2020年、中国政府は「香港国家安全維持法」を制定しました。中国政府や中国共産党を批判したり、香港の独立を主張したりすると、この法律に違反したとみなされます。これにより、言論の自由が失われ、「一国二制度」が形だけのものになりました。2023年には、日本に留学していた香港の学生が一時帰国した際に、日本滞在中にSNSに投稿した内容が原因で逮捕・起訴され、日本に戻ってこられなくなったという事例もありました。

中国の海洋進出と新疆ウイグル自治区などの位置

4 トルコ大地震とシリア情勢
死者は5万人以上、内戦が10年以上続くシリアでも被害

倒壊した建物から生存者を救出する方法を話し合う救助隊員ら（2月7日、トルコのアンタキヤで）

2023年2月6日、**トルコ**南東部の**シリア**との国境に近い地域で大規模な地震が発生し、非常に多くの建物が倒壊しました。その直後から日本をはじめ、各国の緊急援助隊がトルコに派遣され、生存者の救出などにあたりました。シリア側でも大きな被害が出た模様ですが、内戦状態が続いているシリア国内からの報道はほとんどなく、被害状況はよくわかっていません。シリア国内で家を追われて避難している人々は、さらに厳しい状況に追い込まれた可能性があります。この地震で、両国を合わせて5万人以上の死者が出ました。

トルコは地震多発地帯

　トルコは、北上するアフリカプレート、アラビアプレートがユーラシアプレートに衝突している場所にあたるため、地震が多く発生します。1999年にも地震で大きな被害を出したため、日本並みの厳しい耐震基準が定められていました。しかし、実際にはそれを守って建てられていなかった建物も多かったようです。そのためか、建物を支える柱などが急激に破壊され、強度が失われた結果、上の階が下の階に次々に落ちる「パンケーキクラッシュ」が多く発生し、たくさんの人が倒壊した建物の下敷きになって圧死しました。

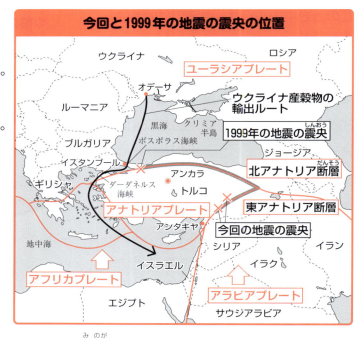

今回と1999年の地震の震央の位置

　もっとも、地震そのものの規模が大きかったという点も見逃せません。大きな地震は6日に2回あり、現地時間の午前4時17分に起きたものも、午後1時24分に起きたものもマグニチュード7後半でした。同じくらいの規模の地震が日本の内陸部で発生したとしたら、非常に大きな被害になる可能性があります。

シリア難民・国内避難民がともに被災

　トルコもシリアも、国民の多くが**イスラム教徒**ですが、トルコでは主にトルコ語が使われるのに対して、シリアではアラビア語が使われます。2010年から2011年にかけて、やはりアラビア語が使われる北アフリカのチュニジアやエジプトでは、長期間、権力を握っていた大統領に対する国民の不満が爆発し、大規模なデモが発生して、大統領は退陣に追い込まれました（**アラブの春**）。このことに影響されて、シリアでもアサド大統領による独裁政権を倒そうとする動きが起こり、内戦状態に陥りました。それ以来、政府軍、イスラム過激派、非宗教的な反政府勢力、クルド人勢力などが10年以上も戦いを続けていますが、政府軍はロシアに支援されています。そのためシリアは、国連総会でロシアに対して、ウクライナからの撤退を求める決議が採択されたときも反対しました。

　国連難民高等弁務官事務所（UNHCR）の調べによると、シリアからは約650万人（2022年末現在）が**難民**として国外に逃れている状況で、その最大の受け入れ国となっているのがトルコです。今回の地震では、国境を越えてトルコに逃れた難民と、シリア国内にとどまっている避難民の両方が被災しました。

紛争や迫害のために国外に逃れた難民の出身国と受け入れ国（2022年末現在）

	出身国	
1	シリア	約650万人
2	ウクライナ	約570万人
3	アフガニスタン	約570万人
4	ベネズエラ	約550万人
5	南スーダン	約230万人
6	ミャンマー	約130万人

	受け入れ国	
1	トルコ	約360万人（主にシリアから）
2	イラン	約340万人（主にアフガニスタンから）
3	コロンビア	約250万人（主にベネズエラから）
4	ドイツ	約210万人
5	パキスタン	約170万人（主にアフガニスタンから）

難民と国内避難民の合計　1億840万人

※パレスチナ難民は除く　　（UNHCRの資料より）

トルコ大統領選挙でエルドアン氏が再選

　建設業者に耐震基準をきちんと守らせていなかったことなどについては、トルコ政府の責任も問われました。5月には大統領選挙が行われましたが、1回目の投票では、現職のエルドアン大統領と、野党の統一候補のどちらも過半数を獲得できませんでした。その後の決選投票でエルドアン大統領は再選を果たしたものの、苦戦したのは、地震の影響があったといえるかもしれません。

　トルコは黒海の出入り口にあたるボスポラス海峡、ダーダネルス海峡を押さえています。ウクライナで生産された穀物は貨物船に積まれ、ここを通って中東やアフリカの国々に輸出されています。2022年は、その輸出が戦争により滞りました。そこで、国連、トルコ、ロシア、ウクライナによる話し合いの場が設けられ、航行の安全を保障して黒海経由での輸出再開にこぎつけたという経緯があります。しかし、2023年夏からは、再び輸出が滞るようになっています。

　トルコは**北大西洋条約機構（NATO）**加盟国ですが、ロシアを強く非難して経済制裁を科しているわけではないため、ロシアとウクライナの両方と話ができる立ち位置を維持しています。こうしたことから考えても今回の地震は、国際情勢にも影響を与えるできごとだったといえます。

5 イギリスがＴＰＰに正式に加盟

域内での自由貿易を推進。人口・GDPともEUに匹敵する大きな経済圏に

7月15・16日にニュージーランドのオークランドで行われたTPP閣僚会合で、加盟のための署名式に臨んだイギリスのベイドノック国際貿易大臣（右から2人目）

日本を含む、太平洋を取り巻く11の国が参加していた**「環太平洋パートナーシップ協定（ＴＰＰ）」**に、2023年7月、新たに**イギリス**が正式に**加盟**しました。イギリスは2020年にヨーロッパ連合（ＥＵ）から**離脱**した後、アジア・太平洋に目を向けるようになっていました。その結果、ＴＰＰ加盟12か国の人口は約5億8000万人に、国内総生産（ＧＤＰ）の合計は全世界の約16％に達しました。これにより日本は、さらに大きな経済圏の一部になり、多くの国と関税なしか、低い関税で貿易ができることになりました。

 ### アメリカぬきの11か国で「TPP11」が発効

環太平洋パートナーシップ協定（ＴＰＰ）とは、太平洋を取り巻く国の間で貿易をするときの**関税**を原則としてなくすとともに、経済活動にかかわるルールも可能な限り共通化しようという取り決めです。2015年10月に、アメリカを含む12か国で大筋合意に達しました。

ところが、2017年1月に**トランプ大統領**が就任すると、その直後に**アメリカはＴＰＰからの離脱**を発表しました。外国から安い輸入品が入ってくるのを止められなくなり、国内の産業に悪い影響を与えるというのが理由です。そこで、残りの11か国は、アメリカ抜きで協定を発効させることをめざしました。正式名称は「環太平洋パートナーシップに関する包括的及び先進的な協定（ＣＰＴＰＰ）」に変わりましたが、ニュースでは「ＴＰＰ11」などといわれました。大筋合意に達したのは2017年11月、署名式は2018年3月、発効したのは2018年12月30日のことです。

 ### ＥＵからの離脱によりＴＰＰ加盟へ

今回、イギリスがＴＰＰに加盟したのは、2016年に行われた国民投票の結果、2020年にヨーロッパ連合（ＥＵ）から離脱したことと関係があります。ＥＵは、たくさんの国に分かれているヨーロッパを、経済的には1つの国のようにすることをめざす組織です。加盟国どうしの間では、**人、物、お金の移動は原則として自由**とされており、貿易をしても関税はかかりません。2002年からは、加盟国の多くで**共通通貨「ユーロ」**の紙幣と硬貨も使われ始めました。

第2章 激動する国際社会

しかし、イギリスは島国ということもあって、大陸の国々とは少し距離を置いて独自性を守りたいという意識が強かったようです。実際にイギリスは「ユーロ」を導入せず、以前からの通貨「ポンド」を使い続けていました。

EU離脱後の2021年2月、イギリスはTPPへの加盟を正式に申請し、2023年7月にそれが認められました。イギリスが加わって、TPP加盟国の人口の合計は約5億8000万人に達しました。EU加盟国の人口の合計は、イギリスを含めても約5億1000万人だったので、それを上回ったことになります。また、国内総生産（GDP）の合計は15兆ドル（世界の約16％）に近くなり、これもEUの約17兆ドル（世界の約18％）に迫る規模です。

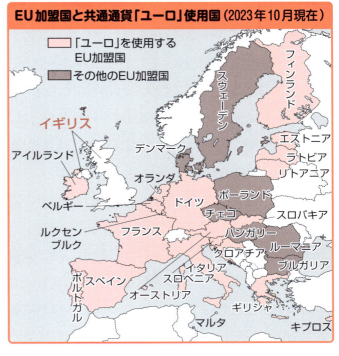
EU加盟国と共通通貨「ユーロ」使用国（2023年10月現在）

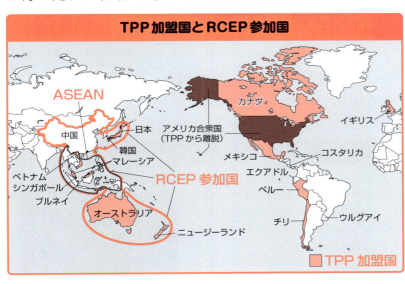
TPP加盟国とRCEP参加国

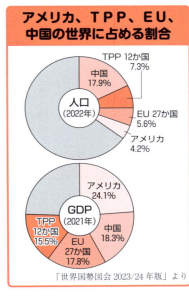
アメリカ、TPP、EU、中国の世界に占める割合

RCEP（地域的な包括的経済連携）とIPEF（インド太平洋経済枠組み）

TPPには、中国と台湾、中南米のコスタリカ、エクアドル、ウルグアイも加盟を申請中です。2023年には、ウクライナも加盟を申請しました。

自由貿易を進め、経済の結びつきを強めていこうとする枠組みは他にもあります。2022年1月1日には、**日本、中国、韓国、東南アジア諸国連合（ASEAN）の全10か国、オーストラリア、**

※2023年9月現在

ニュージーランドの15か国が参加する「地域的な包括的経済連携（ＲＣＥＰ）協定」が発効しました。人口大国のインドが離脱しましたが、それでも世界の人口とGDPのそれぞれ約3割を占める巨大な経済圏になります。

一方、「インド太平洋経済枠組み（ＩＰＥＦ）」とは、2022年5月にアメリカのバイデン大統領が来日したときに発足を宣言した枠組みで、アメリカ、日本、韓国、ＡＳＥＡＮ10か国のうち7か国、インド、オーストラリア、ニュージーランド、フィジーの14か国が参加しています。ＴＰＰとの違いは、交渉途中でＴＰＰから離脱したアメリカが主導していることで、ＴＰＰに復帰して、すでにできているルールを受け入れるのではなく、アメリカに有利なようにルールを決めるねらいがあるとみられます。

このＩＰＥＦは、中国は入れないことを前提としている枠組みです。日本を含めて、世界の多くの国が、さまざまな物を中国からの輸入に頼っていますが、それでは、安全保障上も問題となる可能性があるため、サプライチェーン（製品の原材料、部品などの調達から製造、販売にまで至る一連の流れ）を中国に頼らないことをめざしています。

ワンポイント解説

自由貿易と保護貿易

関税をゼロにするかなるべく低くして、量の制限などもなくして行う貿易を自由貿易というのに対して、自国の産業を守る目的などで、輸入品に高い関税をかけたり、輸入量そのものを制限したりして行う貿易を保護貿易という。保護貿易が第二次世界大戦の原因の1つにもなったとして、戦後の世界では、自由貿易が推進されてきた。

ワンポイント解説

自由貿易協定（ＦＴＡ）と経済連携協定（ＥＰＡ）

2つ以上の国や地域の間で、物やサービスの流通を自由化する協定を自由貿易協定（ＦＴＡ）というが、それだけでなく、人の移動の円滑化や知的財産権の保護など、より幅広い分野で連携することを含んだ協定を経済連携協定（ＥＰＡ）という。ＴＰＰもＥＰＡの一種である。

ハワイのマウイ島で山火事、死者は100人以上

2023年8月8日、アメリカ・ハワイ州のマウイ島で大規模な山火事が発生しました。火は島の西岸にあるラハイナの町に延焼し、大半の家屋が焼失して、死者は100人以上に上りました。当時、ハワイ諸島の南をハリケーンが通過中で強風が吹いていて、電柱が倒れたり電線が切れたりして出火し、草木に引火したのが原因とみられています。ハワイでは外来種の燃えやすい植物が、固有種の植物を駆逐して分布を広げていたことが被害を大きくしました。

しかし、住民に非常事態を知らせるサイレンは鳴りませんでした。サイレンは津波を想定したものなので、鳴らすと住民は山の方に逃げてしまい、かえって危険だと判断して鳴らさなかったと、防災当局は説明しました。このため、火が間近に迫ってくるまで気づかずに逃げ遅れた住民が多かったようです。

このラハイナという町は、カメハメハ大王がハワイ諸島を統一して建国したハワイ王国のかつての首都で、いわばハワイの「古都」です。その史跡も多くが失われました。

アメリカでは、西海岸のカリフォルニア州も山火事が多いことで知られています。「地中海性気候」で、夏は雨がほとんど降らないためです。2018年には死者85人を出す山火事が発生しましたが、今回のハワイ州での山火事の死者はそれを上回り、過去100年間にアメリカで起こった山火事のなかでも最悪のものとなりました。

2023年は、カナダでも各地で山火事が発生しています。8月にはノースウェスト準州の州都イエローナイフに火が迫り、約2万人の住民全員に避難命令が出されました。

焼失したラハイナの町の焼け跡

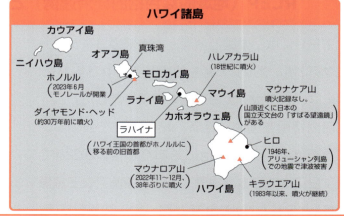

ハワイ諸島

第3章 災害への備えと環境問題

● みんなで話し合ってみよう！
災害は、社会の弱点をついてくる？ ……………………………………… 58

1. 関東大震災から100年 ……………………………………………………… 60
2. 地球温暖化防止のためのさまざまな取り組み ………………………… 66
3. プラスチックごみによる海の汚染が深刻に ……………………………… 70
4. 福島第一原発の処理水を海洋放出 ……………………………………… 72

みんなで話し合ってみよう！

災害は、社会の弱点をついてくる？

100年前に関東大震災が発生した9月1日は「防災の日」ね。でも、なぜ9月1日が防災の日とされているのか、知らない人が半分もいるという調査結果があって、驚いたね。

ただ「震災」といったら、若い世代にとっては東日本大震災なのかもしれないし、関西の人にとっては阪神・淡路大震災なんじゃないかな。

そういうことだろうね。今の日本では「震災」ということばを使った場合、この3つのどれかを指すことが多いね。

東日本大震災では、死者・行方不明者のほとんどが津波によるものでしたね。

阪神・淡路大震災では建物の倒壊による死者が多かったから、負傷者は死者の何倍もいたの。ところが東日本大震災では、死者より負傷者の方が少なかったそうよ。間一髪で津波から逃げきれた人はけがもなく生き残ったけれど、逃げきれなかった人は亡くなったということかもしれないね。

被害の中身は、地震ごとに大きく違うんですね。

いうまでもなく、地震というのは自然現象よ。人の住んでいない地域でどんなに大きな地震が発生しても、災害にはならないよね。自然現象がどんな災害を引き起こすかは、社会のあり方によって変わってくるの。

災害は、社会の弱点をついてくるんですね。

そういう観点から、関東大震災について考えてみようか。誤解している人が多いようだけど、実は、東京を直撃した地震とはいえず、揺れは東京より神奈川県で強かったのよ。首都圏の北部では、東日本大震災での揺れの方が強かったかもしれないくらいね。それなのになぜ、東京で大きな被害が出たのかな？

火災が多く発生したからですね。

その通り。発生した火災を消し止められず、燃え広がって何万人もの人が逃げ場を失うようなことになったのは、木造家屋が密集していて、火が燃え広がるのを防ぐ公園や緑地が不足していたのも一因ね。

そのような状況は、今も変わっていない？

ハザードマップを見れば、木造家屋が密集していて、火災が発生して燃え広がる危険性が高い地域が今もあるとわかるよね。

58

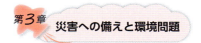

第3章　災害への備えと環境問題

人々がデマに惑わされて、異常な行動をしてしまうというのも、今でもありうることですね。

人の口から口へと広がるより、SNSで広がることが多くなっただけで、デマの中身は今も昔もそんなに変わっていないようね。人々がどんな不安、不満を抱えているかが反映されているね。

ところで、災害は地震だけじゃないですよね。2023年も、梅雨の時期は線状降水帯などによる大雨、梅雨が明けると猛暑、そして台風の襲来と、油断できない日々が続きましたね。

このところ、日本では熱中症で亡くなる人が1000人を超える年が多いよ。気象庁が猛暑を「一種の災害」と位置づけるのも無理はないね。

東京都心では2023年、最高気温が35度以上の猛暑日が20日以上もあったとか。これまでで最も多かった2022年の16日を大幅に上回ったのには驚きました。

2024年からは「熱中症特別警戒アラート」が始まることになっているよ。これが出された場合は、冷房の効いた公共施設などが「クーリングシェルター」として開放されるのよ。

外国では、山火事のニュースが本当に多かったですね。日本では、夏に雨が多いから、山火事はあまりないのかな。

大陸の西側の日本と同じくらいの緯度の地域は「地中海性気候」で、夏はほとんど雨が降らず、乾燥しているのよ。地中海に面した南ヨーロッパのスペイン、イタリア、ギリシャ、アメリカ西海岸のカリフォルニア州などがそうだけど、まさに山火事が多発している地域よね。

それから9月には、今まであまりなじみのなかった北アフリカの国で大きな災害が続きましたね。

モロッコの地震とリビアの洪水のことね。リビアの洪水は、地中海で発生したハリケーンのような強い低気圧に襲われたのが原因のようね。

リビアは国が東西に分裂して内戦状態だから、災害への備えがほとんどなかったようですね。気象庁のような機関から、警報が出ることもなかったとか。

モロッコの地震のときは、現地に日本人も滞在していたそうですが、アラビア語とフランス語でしか情報が発信されず、英語の情報がなかったので、どうしていいのかわからずに困ったとも聞きました。

それは日本にも通じる問題だね。日本にいる外国人は、日本語の情報しか得られなければ、何が起こっているのかも、よくわからないかもしれないね。

それにモロッコの被災地では、長い間、大きな地震が起こっていなかったから、地震を想定して家を建てていなかったようね。日ごろから災害に備えておくことの大切さがよくわかるね。この機会に、自治体のハザードマップを見て、自分が住んでいる地域にどんな危険があるのかを確認しておこう。

1 関東大震災から100年

首都直下地震や南海トラフ地震などに備え、防災意識を高めることが必要

関東大震災では、現在の東京都中央区にあたる地域は、ほぼ全域が焼失した

1923年（大正12年）9月1日午前11時58分、相模湾を震源とするマグニチュード7.9の「大正関東地震」が発生しました。この地震によって引き起こされた災害が「関東大震災」です。それから100年が経過した2023年9月1日の「防災の日」には、犠牲者を追悼するとともに、防災意識を高めるための行事が各地で行われました。

近い将来、「首都直下地震」や「南海トラフ地震」が発生する可能性は高いといわれています。関東大震災の教訓を踏まえ、災害に強い都市づくりは急務です。

 約10万5000人の死者のうち、大半が焼死

大正関東地震は、北上するフィリピン海プレートが北アメリカ（北米）プレートの下に沈み込む「相模トラフ」で起こった巨大地震です。東京を直撃した地震だったとは必ずしもいえません。現在の震度で考えると、神奈川県では広い範囲が震度7だったのに対して、東京では、震度6弱～6強の地域が多かったとみられます。

しかし、ちょうど多くの家庭で昼食の用意のため、火を使っていた時間帯だったということもあり、大規模な火災が発生しました。両国駅の北側（本所）にあった陸軍被服廠（軍服などを作る工場）の跡地に多くの人が避難しましたが、そこで「火災旋風」が起こり、ここだけで約3万8000人が焼死しています。全体で約10万5000人と考えられている死者のうち、9万人以上が焼死でした。これほど被害が拡大した原因は、当時の東京には木造家屋が密集していたうえに、火災の延焼を食い止める効果のある公園・緑地が少なかったことにあると考えられます。災害に弱い都市になっていたのです。現在の千代田区北東部、中央区、台東区、墨田区、江東区で特に大きな被害が出ました。

災害が発生すると、必ずといっていいほど流れるのがデマです。人々の不安の表れといえますが、なかには「混乱に乗じて朝鮮人が暴動を起こす」といったものもありました。それを信じた人々は自分たちを守ろうと各地で「自警団」を結成し、多数の朝鮮人を殺害したほか、警察や憲兵が、ふだんから危険視していた社会主義者や無政府主義者を弾圧する事件も発生しました。

被害額は、当時のお金で約55億円にも上ると考えられています。これは、この時代の国家予算の3倍

以上にあたります。1995年の阪神・淡路大震災や2011年の東日本大震災と比べても、関東大震災の被害の大きさは突出しており、その後の歴史の流れを大きく変えたできごとだったといえます。

この直前の8月24日に加藤友三郎首相が死去していて、当日は、実は首相がいない状態でした。9月2日に成立した山本権兵衛内閣で、内務大臣兼帝都復興院総裁になった後藤新平は、大規模な区画整理、公園・幹線道路の整備などを計画し、復興に貢献しました。現在の東京は、このときの都市計画に基づいてできているともいえます。

復興計画の立案を主導した後藤新平

3つの大震災の比較

災害の名称	関東大震災	阪神・淡路大震災	東日本大震災
地震そのものの名称	大正関東地震	兵庫県南部地震	東北地方太平洋沖地震
発生日時	1923年9月1日午前11時58分	1995年1月17日午前5時46分	2011年3月11日午後2時46分
震源	相模湾（フィリピン海プレートが北アメリカプレートの下に沈み込む相模トラフ）	淡路島北部（活断層による直下型地震）	岩手・宮城・福島・茨城県沖（太平洋プレートが北アメリカプレートの下に沈み込む日本海溝）
マグニチュード	7.9	7.3	9.0
最大震度	6（当時は震度7がなかったが、現在の基準では震度7に達していた地域があったと考えられる）	7（神戸市の一部など）	7（宮城県栗原市）
死者・行方不明者数	約10万5000人	6437人（関連死を含む）	約2万2000人（関連死を含む）
被害総額	約55億円（当時の国家予算の3倍以上）	約10兆円	約17兆円（原発事故を除く）
被災地	東京、神奈川県、千葉県南部など	兵庫県神戸市、芦屋市、西宮市、淡路島北部など	岩手県、宮城県、福島県の沿岸部など
被害の特徴	大規模な火災が発生し、焼死者が多かった	建物の倒壊による死者が多かった	津波による死者・行方不明者が多かった

 ### 「南海トラフ地震」の脅威

日本付近では、いつどこで大きな地震が起こってもおかしくありませんが、なかでも近い将来、発生する可能性が高いとして特に警戒されているのが「首都直下地震」と「南海トラフ地震」です。

「首都直下地震」というのは、東京都、神奈川県、千葉県、埼玉県に茨城県南部を加えた南関東のどこかを震源として発生する、マグニチュード7前後の地震のことです。その発生確率は、30年以内に70%程度ともいわれています。東京を直撃する地震の起こる確率が70%なのではありませんが、油断はできません。

より重大な脅威は「南海トラフ地震」です。西日本はユーラシアプレートに乗っており、その下に、海溝よりは浅い海底の溝である「トラフ」から、北上するフィリピン海プレートが沈み込んでいます。そこで起こると考えられているのが「南海トラフ地震」で、東日本大震災と同様に、巨大な津波が発生する可

能性があります。

このタイプの地震は、歴史上、90〜150年の間隔で、何度も繰り返し起こっています。江戸時代末にペリーが再来航した1854年に起こった安政地震から、昭和東南海地震(1944年)と昭和南海地震(1946年)までの間隔はおよそ90年でした。2030年代には、昭和東南海・南海地震から90年が経過することになるので、このころに起こる可能性があります。

南海トラフ地震は、東日本大震災の被災地よりも人口や産業が集中した地域を襲うことになります。名古屋や大阪でも津波の被害があるでしょう。国の被害想定では、死者は32万人を超え、被害額は220兆円を超えるとされています。いずれも東日本大震災の10倍以上の規模です。

東日本大震災では、震源が陸地からかなり離れていたため、地震発生から津波到達まで、早いところでも30分ほどかかり、避難する時間の余裕がありました。しかし、南海トラフ地震では震源が陸地に近いため、地震発生から津波到達まで、早いところでは数分程度と考えられています。そのため、近くに高台のない地域では「津波避難ビル」や「津波避難タワー」の整備が進められています。

揺れそのものによる被害も、東日本大震災より大きいとみられます。南海トラフ地震では、静岡、愛知、三重、兵庫、和歌山、徳島、香川、愛媛、高知、宮崎の10県で震度7が予測されています。震度6弱以上が予測されるのは21府県にもなります。

南海トラフ地震で津波による大きな被害が予想される地域では、このような「津波避難タワー」の整備が進められている(高知市で)

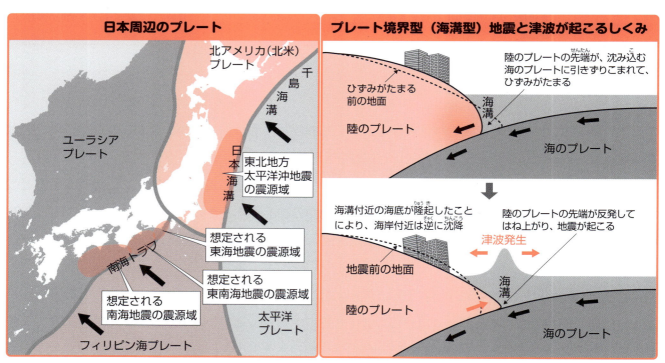

「北海道・三陸沖後発地震注意情報」の運用開始

東日本大震災では、岩手県沖から茨城県沖にかけての日本海溝が震源域になりましたが、その南北に隣接した領域でも今後、地震が起こる可能性があります。特に北側の日本海溝北部から千島海溝では、マグニチュード9クラスの超巨大地震の発生が切迫しているのではないかと考えられています。北海道と東北地方の太平洋側で大きな被害が予想されます。

北海道のような寒冷地で冬に地震が起こった場合、着の身着のままで避難すると、低体温症で生命の危機にさらされます。流氷の時期であれば、それが津波で陸地に押し寄せてきて被害が拡大するおそれもあります。

ワンポイント解説
震度とマグニチュードの違い

震度とは、それぞれの地点での揺れの強さを「0」から「7」までの整数で表したもの。「5」と「6」は、それぞれ「弱」と「強」の2つに分かれるので、全部で10段階ということになる。震源までの距離が近いほど、震度や被害は大きくなることが多い。それに対して**マグニチュード**とは、地震そのものの規模の大きさを表したもので、1つの地震について1つの数値しかない。マグニチュードが大きい地震ほど、震度や被害は大きくなることが多い。マグニチュードが1大きくなるとエネルギーは約32倍になり、2大きくなると1000倍になる。

この地震に備えるため、2022年12月16日から「北海道・三陸沖後発地震注意情報」の運用が開始されました。これは、想定震源域やその周辺で、マグニチュード7以上の地震が発生した場合に出されます。より大きな地震が続いて発生する可能性もあるためです。ただし、あくまでも警戒を呼びかける情報であって、事前に避難しておくことは求められません。

これに対して、「南海トラフ地震臨時情報」は、津波危険地域の住民に対して、事前の避難を求めるものです。江戸時代末の1854年の南海トラフ地震では、遠州灘・紀伊半島沖での「東海地震」発生の約32時間後に、紀伊水道沖・四国沖での「南海地震」が発生しました。このように、時間差で巨大地震が発生した前例があるため、もし大きな地震が発生した場合、別の大きな地震が連続して発生する可能性があるとして、事前の避難を呼びかけるのです。避難を続ける期間は1週間程度と想定されています。

歴史上の「南海トラフ地震」

年	地震名	このころのできごと
684年	白鳳地震	このころ、富本銭がつくられる
887年	仁和地震	このころ、藤原基経が関白になる
1096年	永長東海地震	このころ、白河上皇が院政を行っていた
1099年	康和南海地震	
1361年	正平(康安)東海地震、正平(康安)南海地震	このころ、南北朝の争いが続いていた
1498年	明応地震	このころ、北条早雲が伊豆から関東に進出し、勢力を拡大していた
1605年	慶長地震	この年、徳川秀忠が江戸幕府の2代将軍になる
1707年	宝永地震	49日後に富士山が噴火。2年後、5代将軍徳川綱吉が死去
1854年	安政東海地震、安政南海地震	この年、ペリーが再来航し日米和親条約を結ぶ
1944年	昭和東南海地震	太平洋戦争中だったため、国内では地震が起こったこと自体、ほとんど報道されなかった
1946年	昭和南海地震	この年、日本国憲法が公布

「長周期地震動」も緊急地震速報の対象に

地震が起こると、揺れが1往復する周期が短いものから長いものまで、さまざまな地震動が発生します。2秒以上もあるような長いものは「長周期地震動」といいます。どのような周期の地震動で揺れやすいかは、地盤の性質や建物によって違い、長周期地震動は高層ビルなど高い建物をゆっくり大きく揺らす性質があります。また、遠くまで伝わりやすい性質もあります。

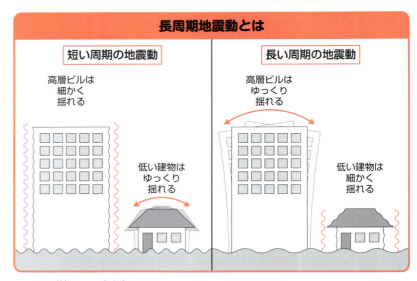

そのため、大規模な地震が発生すると、遠く離れた地域でもビルの高層階などでは、船に乗っているかのようなゆっくりとした揺れに見舞われます。家具などは倒れたり大きく移動したりするため、もし固定していなければ、けがをするおそれがあるのです。東日本大震災では、大阪府の55階建ての咲洲庁舎も約10分間揺れ、52階の揺れ幅は最大で2.7mにも達しました。

つまり、南海トラフ地震では、震源から遠く離れた地域でも長周期地震動への警戒が必要ということです。それに対応するため、2023年2月1日から、長周期地震動も緊急地震速報の対象になりました。緊急地震速報は、最大震度が5弱以上になると予想された地震で、震度4以上の揺れが予想された地域に出されます。しかし、震度3以下の揺れが予想された地域であっても、長周期地震動の階級3以上が予想された場合は、緊急地震速報が出るようになったのです。東日本大震災に当てはめると、大阪でも緊急地震速報が出るということです。

緊急地震速報で長周期地震動の予想が初めて出されたのは、2023年5月5日に能登半島で発生したマグニチュード6.5の地震のときで、石川県能登地方では階級4の長周期地震動が予想されました。実際に観測された長周期地震動は階級3でした。

なお、この地震では、石川県珠洲市で震度6強を観測しました。能登地方では2020年12月以降、地震活動が活発になっており、2022年6月にも、珠洲市で震度6弱を観測する地震が起こっています。

長周期地震動の階級（高層ビル内）

階級	人の体感・行動	室内の状況
階級1	室内にいたほとんどの人が揺れを感じる。驚く人もいる	ブラインドなど吊り下げものが大きく揺れる
階級2	室内で大きな揺れを感じ、物につかまりたいと感じる。物につかまらないと歩くことが難しいなど、行動に支障を感じる	キャスター付き什器がわずかに動く。棚にある食器類、書棚の本が落ちることがある
階級3	立っていることが困難になる	キャスター付き什器が大きく動く。固定していない家具が移動することがあり、不安定なものは倒れることがある
階級4	立っていることができず、はわないと動くことができない。揺れにほんろうされる	キャスター付き什器が大きく動き、転倒するものがある。固定していない家具の大半が移動し、倒れるものもある

（気象庁ホームページより）

被災体験の継承も課題

　関東大震災の被災者は、ほとんどがすでに亡くなっており、その経験談を直接聞くことは難しくなっています。阪神・淡路大震災の被災地でも、震災後に生まれた、または転入してきた住民の方が多くなりつつあります。東日本大震災の被災地でも「震災を知らない世代」の子どもたちが育っています。被災体験を風化させず、どう将来の世代に伝えていくかも、悲劇を繰り返さないためには重要なことです。

自然災害伝承碑の地図記号

　そのため、東北地方の太平洋沿岸部では、被災体験を伝承する施設が続々とオープンしています。たとえば、2019年9月には、岩手県陸前高田市に「東日本大震災津波伝承館」が開館しました。また、福島県双葉町には「東日本大震災・原子力災害伝承館」が2020年9月に開館しました。こうした施設では、被災者の「語り部」から直接話を聞くことができます。

　遠い過去の被災者の声に耳を傾けることも必要です。2019年、国土交通省の国土地理院は、新たに「自然災害伝承碑」の地図記号を制定しました。これは、過去の地震、津波、噴火、水害などで被災した人々が後世の人々にその事実を伝え、教訓にしてもらうために建てたものです。三陸沿岸にも、過去の津波で被災し、生き残った人々が「ここより下に家を建てるな」などと、後世の私たちを戒めている碑がいくつもあります。こうした戒めを守っていた地域では、東日本大震災の津波でも、被害が少なくて済みました。東日本大震災の被災者も各地で、後世の子孫に向けた碑を建てています。

東日本大震災で住民の1割近くが犠牲になった宮城県女川町では後世の子孫に向けて、「ここは、津波が到達した地点なので、絶対に移動させないでください。もし、大きな地震が来たら、この石碑よりも上へ逃げてください」というメッセージを刻んだ石碑を建てた

　津波の恐ろしさを目に見える形で伝えているのは、実際に被災した建物などの「震災遺構」だともいえます。これについては、そこで多くの人が亡くなったわけですから、「思い出したくない」ので解体してほしいという人もいます。各地で残すべきかどうか、議論が行われました。児童・教職員ら84人が犠牲になった宮城県の旧石巻市立大川小学校の校舎も、そのような震災遺構の1つですが、保存されることになり、2021年7月18日からその周辺の一般公開が始まりました。

東日本大震災の「震災遺構」の1つ、岩手県宮古市の「たろう観光ホテル」。1階と2階は完全に破壊され、4階まで浸水した

私立中学校の先生に聞きました 小学生に知っておいてほしいニュース **TOP20** 第**9**位 温暖化　第**20**位 再生可能エネルギー

2 地球温暖化防止のためのさまざまな取り組み
産業革命以降の気温上昇を1.5℃以内に抑えたいなら、残された時間は少ない

神奈川県中井町の丘陵地につくられたメガソーラー発電所。設置された太陽光パネルは約4万枚で、2870世帯分の消費量をまかなえるという

気候変動枠組み条約の締約国会議では、18世紀後半の産業革命前からの気温の**上昇を1.5℃以内に抑える**という目標が共有されましたが、そのためには、すぐに行動しなければならない厳しい状況です。地球温暖化（気候変動）による被害は、すでに世界中で発生しています。
　対策としては、**石炭火力発電やガソリンエンジン車からの脱却**、**太陽光**をはじめとした**再生可能エネルギー**の利用拡大などがあります。しかし、再生可能エネルギーの割合を高めると電力供給が不安定になってしまうという問題も心配されます。

気温上昇を「1.5℃以内に抑える」ことを確認

　1992年にブラジルのリオデジャネイロで開かれた**国連環境開発会議（地球サミット）**では、**「持続可能な開発」**という考え方のもと、さまざまな条約や宣言が採択されました。**地球温暖化**を防止するため、**二酸化炭素（CO₂）**をはじめとする**温室効果ガス**の排出量を減らすことをめざす**「気候変動枠組み条約」**もその1つです。

　その締約国会議は毎年のように開かれています。1997年に京都で開かれた第3回締約国会議（COP3）で採択された京都議定書では、中国やインドなどの発展途上国には温室効果ガスの排出量を減らす義務が課されませんでした。しかし、2015年にフランスのパリで開かれた第21回締約国会議（COP21）で採択された**パリ協定**では、先進国か発展途上国かを問わず、各国が目標を決めて温室効果ガスの排出量削減に取り組むことになりました。

　パリ協定では「産業革命以降の気温上昇を2℃未満に抑える、かつ1.5℃以内をめざす」ことが目標とされましたが、その後、2021年にイギリスのグラスゴーで開かれた第26回締約国会議（COP26）では、「**産業革命前からの世界の気温上昇を1.5℃以内に抑える**努力を追求する」とした「グラスゴー気候合意」が採択されました。「できれば」ではなく明確に、1.5℃以内を目標とすることになったのです。

　そのためには**今世紀半ばまでに、温室効果ガスの排出量を「実質ゼロ」にする**ことが必要だとされています。「実質ゼロ」とは、まったく排出しないわけではないが、森林などによる吸収量以上には排出しないということです。これを**「カーボンニュートラル」**といいます。日本でも2020年10月、当時の**菅義偉**

首相が臨時国会冒頭での所信表明演説の中で、「2050年までに温室効果ガスの排出を実質ゼロにする」と表明しました。

 すでに被害を受けている発展途上国は、先進国に支援を要求

2022年11月には、第27回締約国会議（COP27）がエジプトのシャルム・エル・シェイクで開かれました。この会議では、温暖化をどう防止するかということよりも、すでに発生している被害を受けた発展途上国を、先進国がどう支援するかということの方が話し合いの中心になりました。

近年、世界各地で記録的な熱波やそれに伴う森林火災、大型化した台風、ハリケーン、サイクロンによる風水害、氷河の崩壊による洪水などが多発しています。これらのすべてが温暖化の影響だとは言い切れませんが、より大きな被害を受けているのは発展途上国です。2022年にパキスタンで発生した洪水もその例といえます。こうした発展途上国は、温暖化を引き起こした責任の多くは先進国にあると主張し、先進国に対して、強力な温暖化対策の実行と被害国への支援を強く迫っています。

COP27では、発展途上国支援のための基金をつくるところまでは決まりましたが、その対象国や資金の拠出方法などは、2023年11〜12月にアラブ首長国連邦（UAE）のドバイで開かれる第28回締約国会議（COP28）に持ち越されました。

UAEのような中東の産油国は1人当たりの温室効果ガス排出量が非常に多いのですが、石油を好きなだけ使える時代はいつまでも続かないという危機感は持っています。最近では原子力発電所を建設するなどして脱石油を図っています。

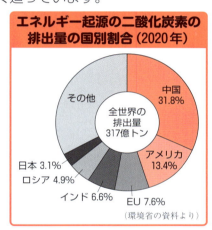

エネルギー起源の二酸化炭素の排出量の国別割合（2020年）

全世界の排出量 317億トン
中国 31.8%
アメリカ 13.4%
EU 7.6%
インド 6.6%
ロシア 4.9%
日本 3.1%
その他
（環境省の資料より）

 日本も「脱石炭火力」にかじを切る

対策の足踏みがこれ以上は許されないほど現状は厳しいとする、気候変動に関する政府間パネル（IPCC）の報告書も相次いで出されています。2021年8月には、第6次評価報告書の第1作業部会報告書が発表されました。その特徴は、地球温暖化の原因が人類の放出した温室効果ガスにあることは「疑う余地がない」と、初めて断定したことです。また、2023年3月に発表された第6次統合報告書では、産業革命以降、気温はすでに1.1℃上昇しているとして、1.5℃以内という目標を達成するには、2025年までに温室効果ガスの排出量を減少に転じさせなければならないと結論づけています。2035年には、排出量を2019年と比べて60%減らすことが必要だとも述べています。それが正しいとすれば、もはや、残された時間はほとんどないということです。

温室効果ガスの排出量を大きく削減するためには、まずは「脱石炭」を図ることが必要なので、グラスゴー気候合意では、石炭火力発電は「段階的に削減」するとされました。火力発電に使われる化石燃料には、石炭、石油、天然ガスがありますが、コストの安さを重視するなら、優先順位は「石炭、天然ガス、

石油」です。しかし、環境を重視するなら、「天然ガス、石油、石炭」の順でなければなりません。発電量当たりの二酸化炭素排出量がとりわけ多いのが石炭で、比較的少ないのが天然ガスだからです。

ところが、日本はコストの安さを重視して、石炭火力発電を推進していたため、海外からは温暖化対策に消極的だと非難されていました。2011年に福島第一原子力発電所で重大な事故が発生してからは、原子力による発電の割合が大きくダウンし、現在は、7割以上が化石燃料による火力発電という状況になっています。それでも、海外からの批判もあるため、日本も老朽化した石炭火力発電所は2030年までに段階的に休止・廃止する方針を決めました。「脱石炭火力」に、ようやくかじを切ったのです。

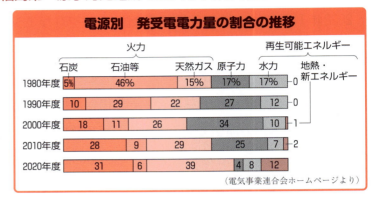

 東京都では新築住宅への太陽光パネル設置を義務化

また、**太陽光、風力、地熱、水力、バイオマス**などの自然エネルギーの利用を進めることも1つの方法です。これらは限りある資源である化石燃料とは異なり、使ってもなくならず、繰り返し利用できるため「再生可能エネルギー」ともいいます。

しかし、太陽光や風力は、天候や時間帯によって発電量が大きく左右され、安定した電源にはなりにくいというデメリットがあります。電気は大量にためておくことができないため、必要なときに必要な量を発電しなければなりません。再生可能エネルギーの利用が進めば進むほど、いざというときの押さえとして、火力発電が重要になるというジレンマがあるのです。

近年、日本では火力発電所の休止・廃止が相次いでいますが、それは「脱炭素社会」をめざしているからだけではありません。再生可能エネルギーによる発電が増加して、稼働率が低下した火力発電所の採算が合わなくなったからでもありますが、このことで、冷暖房の使用により電力消費量が増える夏・冬の電力供給に不安がある状態になっています。太陽光による発電量が少なくなる冬の方がむしろ厳しいといえます。

そのため、2022年7～9月と2022年12月～2023年3月には、全国で数値目標なしの節電要請が出されました。2023年7～8月は、東京電力管内（関東地方、山梨県、静岡県の富士川以東）のみに数値目標なしの節電要請が出されました。稼働している原発のない東日本の方が、より電力需給が厳しいからです。

このような状況で、2022年12月には東京都議会で、都内の新築住宅への太陽光パネルの設置を義務化する

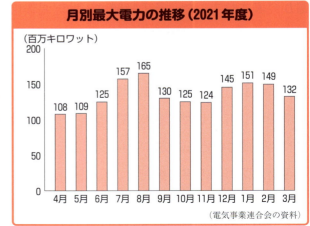

※最大電力とは、その月内で1時間に使われた電力の最大値

太陽光、風力、地熱による発電の長所と短所

	太陽光	風力	地熱
長所	●エネルギー量が事実上無限である ●小規模な発電装置は各家庭にも設置できる	●太陽光発電と違い、くもりや雨の日でも、また夜でも、風が吹いていれば発電できる ●再生可能エネルギーの中では、発電量あたりの費用が比較的安い	●太陽光発電や風力発電とは違い、天候によって発電量が左右されない ●火山や温泉の多い日本に向いたエネルギーであり、潜在的なエネルギー量も多い
短所	●くもりや雨の日は発電量が落ち、夜は発電できない ●大規模に発電するには、多くの太陽光パネルを設置するための広い土地が必要 ●各家庭に太陽光パネルを設置するための費用が高い ●発電量あたりの費用が他の発電方法に比べて高い	●風が弱い日や強すぎる日は発電できないので、風向や風力が安定しない地域には向いていない ●大規模に発電するには、多くの風車を設置するための広い土地が必要 ●風車の回転によって発生する低周波による不快感を感じる可能性がある ●鳥がぶつかって死ぬこともある	●発電所をつくるのに適した場所の多くは国立公園に指定され、開発が規制されているため、普及させるには規制をゆるめることが必要 ●発電所をつくると、近くにある温泉が枯れるおそれもある

条例が成立しました。2025年から制度をスタートさせる方針です。しかし、義務化には慎重な意見も少なくありません。近年では、太陽光パネルを設置するスペースをつくるために各地で森林が伐採されたり、山が削られたりしていて、災害時には土砂崩れの原因になりかねないと問題視されています。

EUが2035年以降もエンジン車を容認

　ガソリンで動く自動車から排出される二酸化炭素も、温暖化の原因としてかなりの割合を占めています。そのため、二酸化炭素を排出しないか、排出量の少ないさまざまな「エコカー」が開発されています。充電した電気で動く**電気自動車**、水素を燃料とする**水素自動車**、水素と酸素を反応させて得た電気で動く**燃料電池車**などです。電気でもガソリンでも動ける「**ハイブリッド車**」もあります。エコカーを普及させるとともに、ガソリンエンジン車を使うのをやめようとする動きもあります。日本政府も2030年代半ばまでに、国内で販売する乗用車の新車をすべて電気自動車やハイブリッド車にする方針を決めました。

　海外ではハイブリッド車もエコカーとはみなされなくなりつつあります。特に**ヨーロッパ連合（EU）**はこれまで、ハイブリッド車を含むエンジン車の販売を2035年までにすべて禁止するとしてきました。ところが2023年3月、再生可能エネルギーを利用して生成される水素と二酸化炭素からつくられる合成燃料を使うエンジン車は、2035年以降も販売を認めることを決めました。そのような合成燃料であれば、温室効果ガス排出量は事実上ゼロとみなせるためです。ハイブリッド車を得意としている日本のメーカーは歓迎しています。

　地上を走る自動車に比べると航空機は、化石燃料から他の燃料への転換が進んでいません。そのため特にヨーロッパでは、鉄道を利用できる距離なのに航空機を利用するのは良くないことだという考えが広まり始めています。フランスでは2023年、高速鉄道（日本の新幹線に相当）で片道2時間半以内の都市間を結ぶ短距離航空路線を禁止する法律が成立しました。日本に当てはめると、東京一大阪間の航空路線は許されないということです。こうしたことから電動飛行機や、生物由来の**「持続可能な航空燃料（SAF）」**を開発しようとする取り組みも始まっています。

3 プラスチックごみによる海の汚染が深刻に
レジ袋に続いて、プラスチック製のスプーンなどの削減も求められている

神戸市では2023年1～3月、市民への啓発のため、市民の協力で集めたプラスチックごみを使って制作したアート作品「20××年、プラノザウルス上陸！」をデザイン・クリエイティブセンター神戸（KIITO）で展示した（海と空は合成）

プラスチックごみによる海の汚染、生物への被害が世界的に大きな問題になり、「脱プラスチック」が叫ばれています。日本でも2020年7月から、全国の小売店などでレジ袋を客に無料で配ることは原則としてなくなり、希望者のみに有料で販売されるようになりました。それに続く対策として、2022年4月からは「プラスチック資源循環促進法」が施行され、小売店や飲食店は、プラスチック製のスプーン、フォーク、ストローなどの削減に取り組むことが義務づけられました。これを受け、木製のスプーンや紙製のストローへの切り替えが進んでいます。

海の生物にとってプラスチックごみは脅威

　石油からつくられたプラスチックは分解されにくく、自然界に長期間残るため、ごみとして捨てられると、川などを経て、最終的には海に流れ込むことになります。プラスチックごみをえさと間違えて食べてしまい、のどに詰まらせたり、ひも状のごみにからまったりして命を落とす海の生物も後を絶ちません。毎年、新たに海に流れ込んでいるプラスチックごみは、800万トン以上にもなるといわれています。深い海の底に沈んでいるものもかなりあるようです。

　また、プラスチックが波や紫外線などで風化し、細かく砕かれて、直径が5mm以下の粒になったものを「マイクロプラスチック」といいますが、これが世界中の海で検出されるようになっています。日本近海では特に高濃度で、魚介類や人体からも検出されています。マイクロプラスチックそれ自体は、有害とはいいきれないものの、ポリ塩化ビフェニル（PCB）などの有害物質がつきやすい性質があります。そのため、それが体内に入った魚介類を人間が食べると、人間の体内にも有害物質が入る可能性があります。

捨てられたプラスチックごみのゆくえ

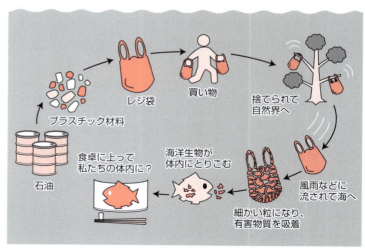

プラスチックの使用量を減らすため、レジ袋の有料化などを推進

　こうした問題を解決するには、使い捨てにされがちなプラスチックの使用量そのものを減らすしかありません。日本は1人当たりのプラスチックごみの排出量が、アメリカに次いで世界で2番目に多いといわれるほどです。そのうちレジ袋は約2％にすぎませんが、消費者の意識を高めるため、2019年に容器包装リサイクル法の省令（各省が出す命令。この場合は経済産業省と環境省）が改正され、2020年7月1日から、全国でレジ袋の有料化が義務づけられたのです。ただし、繰り返し使える厚い袋、微生物のはたらきで分解される「海洋生分解性プラスチック」を使った袋、生物に由来するバイオマス素材を25％以上使った袋は例外として、無料で配ってもよいものとされています。これにより、多くの人がエコバッグ（マイバッグ）を持ち歩くようになりました。

　一方、プラスチック資源循環促進法は、市区町村に対しては、ペットボトルや食品トレー以外にも、文房具やおもちゃなどを含めた幅広いプラスチック製品を回収することを求めています。また、スーパーマーケット、コンビニエンスストア、飲食店などに対しては、これまで客に無料で配っていたスプーン、フォーク、ストローなど、12種類のプラスチック製品の使用量を減らすことを求めています。

　そのため、木製のスプーンや、植物から作ったストローを使うようにした店もあります。プラスチックを使う場合でも、少しでも使用量を減らすため、持ち手の部分に穴をあけるといった工夫をするようになっています。

　しかし、紙製のストローに切り替えると、地球温暖化につながる二酸化炭素（CO_2）の排出量はかえって増えてしまうという見方もあります。プラスチック＝悪と決めつけず、柔軟に考える必要があるでしょう。

問われる「つくる責任、つかう責任」

　使用済みのプラスチックを適切に処理するにはお金がかかるため、これまで日本などの先進国は、プラスチックごみを再利用できる「資源」だとして発展途上国に輸出してきました。ところが2019年には、有害廃棄物の国境を越える移動及び処分を規制するバーゼル条約の締約国会議で、新たに「汚れたプラスチックごみ」も規制対象になりました。中国や東南アジア諸国では輸入を禁止し、違法に輸入されたものは、輸出した国に送り返すようになっています。処理コストを外国に押しつけることは、もはや許されなくなったのです。

　それでも、日本のごみ減量の取り組みはまだ十分とはいえません。国別の持続可能な開発目標（SDGs）達成状況をまとめた2023年版の「持続可能な開発レポート」によると、日本の達成度ランキングは166か国中21位でしたが、17の目標のうち、「つくる責任、つかう責任」「気候変動に具体的な対策を」「海の豊かさを守ろう」などの5つは4段階中の最低評価だったのです。ごみ問題にかかわる目標の達成度が低いことがわかります。

私立中学校の先生に聞きました
小学生に知っておいてほしいニュース TOP20　第4位

4 福島第一原発の処理水を海洋放出

政府は安全だとしているが、風評被害を恐れる漁業者や周辺諸国は反発

7月4日、岸田首相（右）と会談し、「処理水の海洋放出計画は安全基準を満たしている」とする報告書を手渡すIAEAのグロッシ事務局長（左）

福島第一原子力発電所では、放射性物質で汚染された水が今もたまり続けています。これまでは可能な限り放射性物質を取り除く処理をしたうえで、原発敷地内にあるタンクにためて、外に出さないようにしていました。その処理水にも、どうしても取り除けない放射性の「**トリチウム**」が含まれています。しかし、タンクの容量には限りがあるため、人体や環境に影響がないレベルまで薄めたうえで、海洋に放出することが2021年に決まり、2023年8月から実行されています。それでも、**風評被害**を恐れる漁業関係者や、中国は反発しています。

 国際的な安全基準を満たす

　2011年の東日本大震災で重大な事故を起こした福島第一原発では、現在も廃炉作業が続いています。原子炉を冷やすために注入した水、壊れた原子炉建屋に流れ込んだ雨水や地下水が核燃料などに触れ、放射性物質で汚染された水が新たに発生し続けているのです。

　発生した汚染水から可能な限り放射性物質を取り除く処理は、24時間体制で続けられています。その処理水をためておくタンクの容量は、合計すると約137万トンですが、2022年は約3万4000トン、1日当たり94トンの汚染水が新たに発生し、たまった処理水の量は2023年6月29日の時点で約134万トンにも達していました。

　こうした状況は以前から続いており、2023〜24年には、タンクがいっぱいになってしまうことが予想されたため、政府は2021年に、2年後の2023年から処理水を海に流すことを決めました。しかし、処理水にはどうしても取り除けない放射性の「**トリチウム**」が含まれているため、放出前に大量の海水で100倍以上に薄め、トリチウム濃度を国の排出基準の40分の1未満に

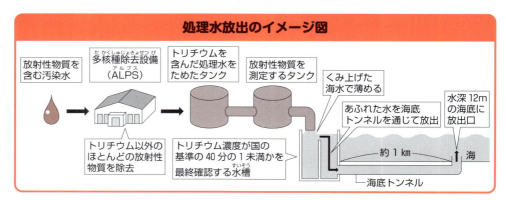

処理水放出のイメージ図

72

したうえで、沖合1kmの海底トンネルの先端から放出することにしたのです。その放出設備の工事は2023年6月26日に完了しました。

この放出計画について、国際原子力機関（IAEA）は日本政府の依頼を受け、専門家による現地調査を重ねました。2023年7月4日から7日までは、そのIAEAのグロッシ事務局長が来日し、「国際的な安全基準に合致している。人体や環境に与える影響は無視できるレベル」だとする報告書を公表しました。

「トリチウム」とは

「トリチウム」とは「三重水素」のことです。二酸化炭素をCO_2と表すように、水はH_2Oと表します。Hは水素を、Oは酸素を表しています。つまり、水素の粒2個と酸素の粒1個が結びついて、水の粒1個ができているということです。

その水素の粒ですが、普通の水素は、陽子1個と電子1個からできています（陽子が2個以上だと、水素ではなくなってしまう）。ところが、陽子1個、中性子1個、電子1個からできている重水素もあります。そのような水素からできている水を「重水」といいます。さらに、陽子1個、中性子2個、電子1個からできている、普通の水素の3倍の重さの水素もあるのです。これが三重水素（トリチウム）ですが、三重水素からできている水もあるわけです。

トリチウムは、原発からだけ発生するわけではありません。普通の水素が宇宙線を浴びて重水素、三重水素に変わることもあります。コップ1杯の水にも、トリチウムは数百万個から1000万個ほど含まれています。体内にたまることもありません。こうしたことから政府は、安全だと強調しています。

それでも、一般の人はどうしても「危険」というイメージを持ってしまいがちで、福島県沖などでとれた水産物は安全でも売れなくなるおそれがあります。このように、安全基準を満たしたものでも、「危険ではないか」という報道が繰り返されることで敬遠され、売れなくなることを「風評被害」といいますが、それを恐れる地元の漁業関係者は、海洋放出に懸念を示しています。

また、中国政府と韓国の野党も日本を非難しました。韓国に対しては、IAEAのグロッシ事務局長が訪問して説明したほか、日韓首脳会談でも、岸田首相が尹錫悦大統領に直接話し、理解を求めました。

こうした努力をしたうえで、2023年8月24日から海洋放出が始まったのですが、中国は反発し、日本からの水産物の輸入禁止に踏み切りました。中国の特別行政区である香港も、東北・関東地方などの10都県からの水産物の輸入を禁止し、日本の水産業に大きな影響が出ています。しかし、中国や韓国の原発からもトリチウムは放出されているのが実態です。

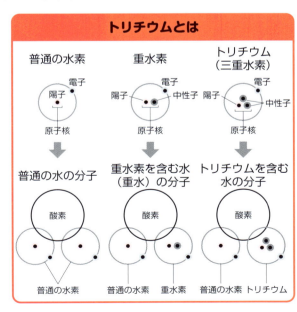

事故後の「脱原発」政策は見直し

　福島第一原発の事故後、全国で稼働していた原子炉は、定期検査の時期を迎えたものから、順次停止されていき、2012年5月には、稼働している原発が1つもない状態になりました。その後は安全基準を以前よりはるかに厳しくしたうえで、環境省の**原子力規制委員会**による安全審査に合格しなければ、再稼働を認めないことにしました。これまでに再稼働したことがあるのは福井県以西の原発だけで、東日本では、原発がまったく稼働していない状態が続いています。

　しかし、こうした「**脱原発**」の流れにも変化のきざしがあります。「**脱炭素社会**」をめざして2022年12月に政府がまとめた「**グリーン・トランスフォーメーション（GX）実現に向けた基本方針案**」には、原発の新規建設や、最大でも60年とされてきた原発の運転期間のさらなる延長などが盛り込まれています。

　すでに福井県では、運転開始から40年以上がたつ原発が相次いで再稼働されています。2021年6月には美浜3号機が、2023年7月には高浜1号機が、2023年9月には高浜2号機が、それぞれ再稼働しました。

日本の原子力発電所の現状

（2023年9月30日現在）

ドイツで「脱原発」が完了

　福島第一原発の事故を受けて、「脱原発」にかじを切った国がいくつかありますが、その1つがドイツです。ちょうどそのころから、世界でも有数の資源大国であるロシアの天然ガスが、パイプラインで供給されるようになったということもあります。脱原発を完了させる目標は2022年でした。

　ところがこの年、**ロシアのウクライナ侵攻**を受けて、ドイツを含む欧米諸国はロシアに対して、経済制裁を科すことになりました。ロシアにエネルギー資源を頼るわけにはいかなくなったのです。そこで、ドイツではやむをえず脱原発の完了を延期しましたが、それでも2023年4月15日には、稼働していた最後の原発3基が停止されました。

第 4 章 社会の動き

ひと目でわかる時事イラスト ……………………………………………………………76

1. 止まらない少子化、出生数がついに 80 万人割れ ……………………78
2. 北陸新幹線が敦賀まで延伸予定 ……………………………………………80
3. スポーツの国際大会が活発に開催 …………………………………………82
4. 外国人観光客の受け入れを本格的に再開 …………………………………84

ひと目でわかる 時事イラスト

〈スポーツ〉

3月　WBCで「侍ジャパン」が3大会ぶり3回目の優勝

大谷翔平選手
栗山英樹監督
ダルビッシュ有選手
ラーズ・ヌートバー選手

7～8月
サッカー女子ワールドカップ
「なでしこジャパン」は
ベスト8

田中美南選手
宮澤ひなた選手

9～10月
ラグビー
ワールドカップ

姫野和樹選手
リーチマイケル選手

第4章　社会の動き

〈文化〉

渡辺明九段

「名人」のタイトルを獲得し、20歳10か月で最年少七冠
「王座」を獲得すれば八冠達成
藤井聡太竜王・名人

13歳11か月で「女流棋聖」のタイトルを獲得
仲邑菫女流棋聖

熊本県山都町の「通潤橋」が国宝に

〈科学〉

5回目の宇宙飛行で初めての船外活動
若田光一宇宙飛行士

国際宇宙ステーション（ISS）に8月から滞在
古川聡宇宙飛行士

JAXAの新しい宇宙飛行士候補者が決定

諏訪理さん
米田あゆさん

アカミミガメ、アメリカザリガニを「条件付き特定外来生物」に指定

上野動物園と和歌山県のアドベンチャーワールドのジャイアントパンダを中国に返還

第1章 政治・経済の動き
第2章 激動する国際社会
第3章 災害への備えと環境問題
第4章 社会の動き
第5章 理科ニュース

77

私立中学校の先生に聞きました
小学生に知っておいてほしいニュース TOP20 第6位

1 止まらない少子化、出生数がついに80万人割れ
合計特殊出生率は1.26と、2005年と並んで史上最低に

6月1日、千葉県松戸市の子育て支援施設を視察した岸田首相

厚生労働省が発表した2022年の人口動態統計によると、国内で生まれた日本人の子どもは約77.1万人で、過去最少を更新したことがわかりました。一方、国内で死亡した日本人は約156.9万人と戦後最多で、差し引き79.8万人も人口が減ったことになります。人口の自然減はこれで16年連続です。**合計特殊出生率**は7年連続のダウンで、過去最低だった2005年と並ぶ「1.26」という低い数値でした。こうした状況は危機的だと認識した**岸田文雄首相**は、「異次元の少子化対策」を行うと表明しています。

 人口減少のペースがさらに加速、1年間で約80万人減少

　合計特殊出生率とは、1人の女性が一生のうちに何人の子どもを産むことになるかを表す数値です。人口を維持するには、2.07程度は必要と考えられています。ところが、2005年には、これが史上最低の1.26にまで落ち込みました。その後、**第二次ベビーブーム**（1971～74年）の時期に生まれた**団塊ジュニア世代**が出産の時期を迎えたこともあって、2015年は1.45にまで回復しましたが、そこから7年連続で下がり、2022年には、2005年と並んで史上最低の1.26にまで低下したのです。

　一方、高齢化も進んでいるため、死亡数も年々増加しています。死亡数から出生数をひいた人口の「自然減」は、2022年は約79.8万人でしたが、これは山梨県、佐賀県などの人口に匹敵します。小規模な県が毎年1つずつなくなるほどのペースで、人口が減少しているということです。

　今後、合計特殊出生率がやや持ち直したとしても、子どもを産む世代の女性の人口そのものが少なくなっているため、これからも人口が減少していくことは、もはや避けられません。

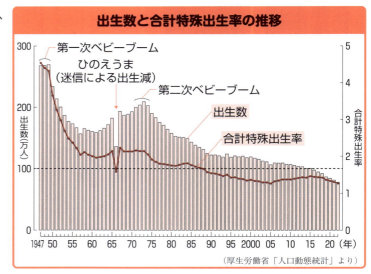

出生数と合計特殊出生率の推移

（厚生労働省「人口動態統計」より）

78

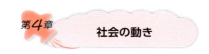

50年後の総人口は、現在の約7割に

　2023年4月には、厚生労働省の国立社会保障・人口問題研究所が、およそ50年後までの日本の総人口の推移を予測した「日本の将来推計人口」を6年ぶりに発表しました。ここでいう総人口には、日本に3か月以上住んでいる外国人も含まれます。

　それによると、2020年は1億2615万人だった総人口は、2056年には1億人を割り、2070年はおよそ8700万人にまで減少するとされています。それでも、6年前の2017年に発表された推計結果よりは、人口減少のペースはゆるやかになるとしています。外国人が入ってくるためで、その割合は、2020年には2.2％でしたが、2070年には10.8％になるとのことです。

　また、65歳以上の高齢者の割合は、2020年は28.6％でしたが、2070年は38.7％にもなると予測しています。ただし、高齢者の絶対数は、2043年の3953万人をピークに、以後は減少していきます。

　一方、総務省が発表した2023年9月1日現在の推計人口は約1億2455万人で、そのうち14歳以下の子どもは11.4％、働いて税金や社会保険料を負担する15～64歳の「現役世代」は59.5％、65歳以上の高齢者は29.1％でした。すでに高齢者1人に対して現役世代2人という割合になっていることがわかりますが、50年後には、高齢者3人に対して現役世代4人という割合になります。今後は年金保険をはじめとする、現役世代が高齢者を支える制度の維持がますます困難になっていくことが予想されるため、高齢者の定義を変えて、65歳以上の人も働いて税金などを負担する側に回ってもらおうとする動きがあります。

総人口と年齢別人口の推移
出生数、死亡数とも中位と仮定した場合
（国立社会保障・人口問題研究所が2023年に発表した資料より）

政府の少子化対策は子育て支援が中心

　現在、政府が打ち出している少子化対策は、子育て支援が中心で、すでに結婚して子どもがいる女性に対して、もう1人子どもを産んでもらおうとするような内容が多くなっています。しかし、結婚した夫婦1組から生まれる子どもの数の平均は、1970年代以降は2人前後で推移しており、大きな変化はありません。ということは、合計特殊出生率が低下している最大の原因は、一生結婚しない人の割合が上昇していることにあるといえます。

　結婚するかどうかは、個人の価値観の問題ではありますが、結婚を希望しているにもかかわらず、収入が少なく、経済的に不安定なためにあきらめている若者が多いのだとしたら、その支援も必要だと考えられます。少子化対策の財源を得るためだとして増税に踏み切れば、かえって逆効果になる可能性があります。

2 北陸新幹線が敦賀まで延伸予定

8月には宇都宮ライトレール（LRT）とJR日田彦山線BRTも運行開始

9月26日、延伸区間を試験走行する北陸新幹線のW7系車両（福井市内で）

2022年9月にJR九州の**西九州新幹線**が武雄温泉駅（佐賀県武雄市）と長崎駅との間で部分開業したのに続いて、2024年3月16日には、**北陸新幹線**が金沢駅から敦賀駅（福井県敦賀市）まで延伸開業する予定です。東京駅から福井駅までは最短で2時間51分となり、東海道新幹線で米原駅（滋賀県米原市）を経由して行くより北陸新幹線利用の方が早くなります。また、2023年8月には、新規のLRTとして**宇都宮ライトレール**が開業し、長期間運休になっていたJR日田彦山線の一部区間が、BRTとして運行再開されました。

敦賀駅以西は未着工

　北陸新幹線が敦賀駅まで延伸されると、JR北陸本線の金沢駅から敦賀駅までは、JR西日本の路線ではなくなり、地元の自治体や企業が資金を出し合って設立した「**第三セクター**」の会社の路線になります。石川県内は「IRいしかわ鉄道」、福井県内は「ハピラインふくい」という会社名です。このため、名古屋や大阪から北陸に向かうJRの在来線特急列車は、敦賀駅止まりとなり、かえって不便になるケースも出てきます。敦賀駅からは、福井県内をさらに西進し、小浜市を経由して、滋賀県を通らずに京都府に入ることになっています。最終的には新大阪駅まで延伸し、東海道新幹線が運休した場合の代わり

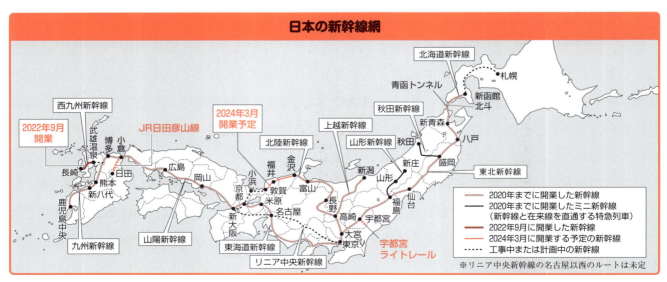

日本の新幹線網

のルートとしても機能させることをめざしています。しかし、敦賀駅より西はまだ着工もされておらず、敦賀駅で新幹線と在来線との乗り換えが必要な状態は長期化しそうです。

宇都宮ライトレールが新規開業

　8月26日、JR宇都宮駅の東口と、宇都宮市の東に隣接する芳賀町の工業団地とを結ぶ「宇都宮ライトレール」が開業しました。これは「次世代型路面電車」といわれるLRT（ライト・レール・トランジットの略）で、愛称は「ライトライン」です。

　LRTとは従来の路面電車に床の低い車両を導入し、停留所から段差なしで乗り降りできるようにするなどの改良をした交通機関をいうことが多いのですが、この宇都宮ライトレールは、まったく新しく建設されたものです。宇都宮市のような人口50万人規模の都市にも、レール上を走る公共交通機関がぜひとも必要ですが、地下鉄では建設費がかかりすぎます。LRTであれば建設費が抑えられるうえ、バリアフリーの観点からも望ましいといえます。将来は、JR宇都宮駅の西側に広がる中心市街地に延伸し、東武宇都宮駅ともつなぐ計画です。

8月26日、開業を祝うパフォーマンスの後、発車する宇都宮ライトレールの電車

JR日田彦山線の一部区間がBRTに

　その2日後の8月28日には、JR九州の日田彦山線（福岡県北九州市～大分県日田市）のうち、2017年の九州北部豪雨で被災して運休していた日田市寄りの区間の運行が、バス高速輸送システム（BRT）として再開されました。BRTとは「バス・ラピッド・トランジット」の略で、JR日田彦山線の場合は、北九州市側から添田駅（福岡県添田町）までは鉄道ですが、そこから日田駅まではバスとなります。線路の跡を整備して造ったバス専用道を走る区間と、一般道を走る区間とがあります。愛称は「BRTひこぼしライン」です。これにより、所要時間は鉄道より長くなりましたが、運行本数は増えました。

　近年では、大雨などにより鉄道が被災し、復旧させるには多額の費用が必要になるケースが毎年のように発生しています。たとえば、2022年夏の大雨で被災したJR米坂線（山形県・新潟県）については、鉄道として復旧させるには86億円かかるとされています。こうした路線は他にもいくつかありますが、BRTによる復旧も選択肢の1つになると考えられます。

　また、2020年から2022年にかけては、新型コロナウイルス感染症による旅行の激減、テレワーク（リモートワーク）の増加により、鉄道会社は大幅な減収となりました。JR各社は需要が完全に元に戻ることはない、今までのように都市部の利用者の多い路線の黒字で、ローカル線の赤字を穴埋めすることは難しいと判断しています。そこで、極端な赤字路線については、鉄道を残すのかどうか、地元との話し合いの場が設けられるようになっています。

3 スポーツの国際大会が活発に開催
日本代表は、WBCでは優勝、サッカー女子ワールドカップではベスト8

2023年には、新型コロナウイルス感染症の影響で延期されていたものを含め、さまざまなスポーツの国際大会が開かれました。3月には、**ワールド・ベースボール・クラシック（WBC）**が6年ぶりに行われ、日本が優勝しました。また、7～8月には**国際サッカー連盟（FIFA）**の女子ワールドカップが、オーストラリアとニュージーランドで開かれ、9月8日には、**ラグビーワールドカップ**がフランスで開幕しました。さらに、9月23日から10月8日までは、**夏季アジア競技大会**が中国の杭州で開かれました。

WBCの決勝は日本対アメリカの対決に。大谷翔平投手がアメリカの最後の打者から三振を奪い、日本の優勝が決まった瞬間、雄叫びをあげる中村悠平捕手（3月21日、アメリカ・フロリダ州マイアミのローンデポパークで）

 ## WBCでは日本が3大会ぶり3度目の優勝

　3月8日から21日まで行われたWBCでは、大谷翔平選手をはじめとするメジャーリーガー4人がメンバーに入った日本代表チーム（侍ジャパン）が優勝候補の筆頭とみられていました。東京ドームでの1次ラウンド（プールB）で日本は、中国、韓国、チェコ、オーストラリアに全勝し、1位で通過しました。準々決勝では、台湾での1次ラウンド（プールA）を2位で通過したイタリアを破って、アメリカ・フロリダ州マイアミでの準決勝に進みました。相手はメキシコで、6－5で逆転サヨナラ勝ちした瞬間まで、一度もリードを奪えなかった苦しい試合展開を耐え抜いての劇的な勝利でした。決勝でもアメリカを3－2で破り、前評判通り、3大会ぶり3度目の優勝に輝いたのです。

　WBCはアメリカのメジャーリーグ機構が中心となって開いている大会です。野球は、盛んな地域が東アジアと北中米・カリブ海に偏っているのが現状ですが、それを全世界に広げ、ファンと有望な選手を獲得することも開催目的の1つです。たとえば、チェコでも野球が行われていることは、これまであまり知られていませんでした。日本との試合がきっかけで、プロではない、他に仕事を持ちながら野球に打ち込んでいる選手たちがチェコにいることがわかり、良い国際交流の機会になりました。

 ## 女子サッカーとラグビーのワールドカップも開催

　続いて、4年に1度の国際サッカー連盟（FIFA）の女子ワールドカップが7月20日から8月20日まで、オーストラリアとニュージーランドで開かれました。日本代表チーム（なでしこジャパン）はグループ

リーグでザンビア、コスタリカ、スペインに無失点で全勝し、1位で通過しました。決勝トーナメントの1回戦ではノルウェーを破りましたが、準々決勝でスウェーデンに敗れ、2011年以来、3大会ぶりの優勝はなりませんでした。優勝したのはスペインでした。

ラグビーワールドカップも4年に1度の開催です。前回の2019年の大会は日本で開かれました。今回の大会は9月8日、開催国フランスとニュージーランドとの試合で開幕し、日本はグループリーグでチリ、イングランド、サモア、アルゼンチンと対戦しました。決勝戦は10月28日の予定です。

ロシアとベラルーシの選手のアジア競技大会参加は実現せず

アジア競技大会とは、アジアの国・地域だけが参加するオリンピックのようなものです。その夏季大会は4年に1度、本来は冬季オリンピックと同じ年に開かれます。今回の中国・杭州での大会は、もともとは2022年9月に開催予定でしたが、新型コロナウイルス感染症により約1年延期され、2023年9月23日〜10月8日の開催となりました。

この大会を前にした2023年7月、アジアオリンピック評議会の総会では、これまで参加していなかったロシアとベラルーシの選手約500人の参加を認めることが決議されました。ウクライナに侵攻したロシアと、その同盟国のベラルーシは、ヨーロッパのスポーツ界からは、ほぼ排除された状態だからです。ロシアは国土がヨーロッパとアジアにまたがっているので、それならアジアの国として、アジアのスポーツ大会への参加を認めてはどうかと考えたのですが、結局、実現しませんでした。2024年7〜8月の**パリ夏季オリンピック**に、ロシアとベラルーシの選手の参加を認めるかどうかは、2023年9月の時点では未定です。一方、8〜9月の**パリ夏季パラリンピック**には、中立の立場の個人としてであれば、ロシアとベラルーシの選手の参加が認められることになりました。

2023年の主なスポーツの国際大会

※1 ラグビーワールドカップでイギリスは、イングランド、スコットランド、ウェールズに分かれて参加。
　　イギリス領の北アイルランドは、独立国のアイルランドとの合同チーム
※2 アジア競技大会にパレスチナは参加、イスラエルは不参加

私立中学校の先生に聞きました
小学生に知っておいてほしいニュース **TOP20**　第17位　外国人観光客

4 外国人観光客の受け入れを本格的に再開
外国人労働者や難民の受け入れにかかわる制度は見直し

2023年7月、外国人観光客でにぎわう京都・清水寺の仁王門前

2020年の春から、**新型コロナウイルス感染症**の世界的な流行により、日本も外国人の入国を厳しく制限するようになったため、**外国人観光客**は激減し、観光産業は大きな打撃を受けました。その制限も2023年までに徐々に緩和され、各地の観光地は再び外国人観光客でにぎわうようになっています。一方、日本で働く**外国人労働者**は増え続けていますが、そんななかで、**出入国管理及び難民認定法**が改正され、**難民**として認めてほしいという申請を3回以上繰り返す外国人については、申請中であっても母国に強制送還することが可能になりました。

 2023年前半の訪日外国人は1000万人以上

　少子高齢化と人口減少が速いペースで進んでいる日本では、お金を使う人も減少して経済が縮小していくおそれがあります。それでも消費を減らさないためには、一時的に日本にいる人、つまり外国人観光客を増やせばよいという考えから、2010年代には、国を挙げて外国人観光客の誘致に取り組んできました。その結果、2019年には、訪日外国人数が約3188万人にもなり、受け入れ態勢の整備が追いつかないほどでした。外国人の日本国内での消費（**インバウンド消費**）も約4.8兆円に達しました。

　ところが、**新型コロナウイルス感染症**の世界的な流行により、国境を越えた人の移動が厳しく制限されるようになったため、これらの数値は2020年4月以降、一時はゼロに近くなりました。このため、鉄道、航空、バス、タクシーなどの交通機関、ホテルや旅館などの宿泊施設、百貨店、飲食店などは大打撃を受けました。こうした業種を辞めて、他の業種に移っていった人も少なくありません。

　それでも2022年からは、条件つきで外国人観光客の受け入れが再開され、2023年に入って本格化しました。1～6月の訪日外国人数は1000万人を超え、年間では2000万人に達しそうなペースです。そ

訪日外国人旅行者数と出国日本人数の推移

（日本政府観光局〔JNTO〕の資料より）

84

第4章　社会の動き

れでも、2019年の水準には及びません。最大の原因は、2019年に全体の約3割を占めていた中国本土からの観光客数が、まだ回復していないためです。

外国人観光客が急増した2010年代後半には、京都など一部の地域では、電車・バスの混雑や交通渋滞が激化し、住民の生活に支障が出ていました。また、物を食べながら歩く、ごみをポイ捨てする、落書きをする、民家の敷地などに入り込む、許可なく人の写真をとるといったマナー違反の行動により、住民に迷惑をかける観光客がいることも事実です。観光客が多すぎるためにこうした問題が発生することを「オーバーツーリズム（観光公害）」といいます。

これらは2020年以降、一時は解消されていましたが、2023年になって、再び問題化しています。また、辞めていった観光産業従事者がまだ十分には戻ってきていないうちに、外国人観光客が戻ってきたため、宿泊などの業種では、人手不足が起こっています。

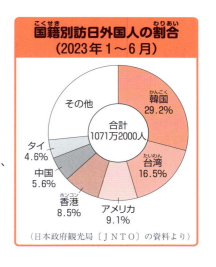

外国人技能実習制度は見直しへ

厚生労働省の発表によると、2022年10月末現在の外国人労働者数は、前年よりさらに10万人近く増えて、約182万人になったことがわかりました。前年に比べると、ミャンマー出身者が急増したのが特徴です。2021年のクーデターの影響で外国に逃れた人が多いことがうかがえます。

日本で働く外国人労働者としては、まず日本語学校などへの留学生がいます。その本分は学業だとしても、生活のためにアルバイトをしてもよいことになっているのです（時間に制限あり）。ところが、アルバイトの方を主たる目的として来日し、そのために日本語学校に籍を置いている外国人もいるのが実態です。

また、「外国人技能実習制度」に基づく技能実習生もいます。この制度は本来、農林水産業や工業などの分野で、働きながら技術を身につけてもらい、帰国後にそれを、自国の発展に役立ててもらうためのものだとされています。ところが実際には、目先の人手不足を解消する手段になってしまっています。

そこで2019年4月に、改正された「出入国管理及び難民認

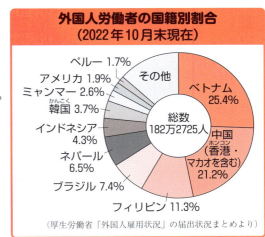

定法（入管難民法）」が施行され、「特定技能」を持つ外国人を正式に労働者として受け入れることになりました。3年以上の経験のある外国人技能実習生は、試験なしで在留資格を「特定技能1号」に切り替えることができます。対象となる業種は、建設、造船、製造業、宿泊、農業、漁業、外食業、介護などです。家族を呼び寄せることもできる「特定技能2号」は、従来は建設・造船のみが対象でしたが、2023年8月から、特定技能1号で認められる業種の大半に対象が拡大されました。法務省の発表によると、2023年6月末現在、特定技能1号の資格を持つ外国人は17万3089人でしたが、そのうち6割弱の9万7485人がベトナム出身でした。特定技能2号の資格を持つ外国人は、わずか12人でした。

政府も外国人技能実習制度の目的と実態がかけ離れていることは認めています。2023年4月、政府の有識者会議は、この制度を廃止し、人材確保に主眼を置いた新制度をつくることを求める中間報告書をまとめています。新制度ができても、特定技能の制度は維持する方針で、2023年6月には、製造業、宿泊、農業、漁業、外食業などの分野で働く外国人も特定技能2号になることを認める案が閣議決定されました。

難民申請を繰り返す外国人は、申請中でも強制送還が可能に

同じ2023年6月には、さらに改正された入管難民法が成立しました。**難民**というのは、人種、民族、宗教、言語、政治的な意見の違いなどにより、または性的少数者であるという理由から、母国では迫害されるおそれがあるため、国外に逃れた人を指します。今回の改正により、難民として認定してもらいたいと日本政府に申請できるのは、原則として2回までとされました。そして、それでも3回以上申請した人については、たとえ申請中であっても、母国に強制的に送り返す「強制送還」ができるようになりました。申請を何度も繰り返す外国人が、長期間、施設に収容されることがないようにするのが目的だとされています。この改正法は公布から1年以内に全面施行される予定です。

しかし、独裁的な政治が行われている国に、政府を批判したことがある人を強制送還したら、または、性的少数者が迫害される国に、それに当てはまる人を強制送還したら、その人は母国で投獄される可能性が高く、最悪の場合、殺されてしまうかもしれません。そのような人を強制送還してはならないというのが世界のルールです。

ところが、日本で働きたいなどの理由で、「母国では迫害されるおそれがある」と主張して難民認定を求めている外国人もいると考え、政府は申請のほとんどを却下しています。日本は他の先進国に比べて、受け入れている難民の数が極端に少ないと、海外から批判されている状態です。

2023年8月には、日本生まれの外国籍の子どもについては、一定の条件を満たせば在留特別許可を与える方針を法務大臣が表明しました。それでも、外国生まれで幼少期に来日したケースなどは対象外になっています。

難民認定申請者数と認定者数の推移

※2022年の認定者202人のうち、147人がアフガニスタン、26人がミャンマー出身だった

（出入国在留管理庁の資料より）

第5章 理科ニュース

1	観測史上、最も暑い夏	88
2	2023年も各地で多数の線状降水帯が発生	90
3	日本の宇宙開発の現在	92
4	2023年は4月に部分日食、10月に部分月食	94
5	トルコとモロッコで強い地震	96
もっと知りたい	その他の理科のトピックス	98

私立中学校の先生に聞きました 小学生に知っておいてほしいニュース TOP20　第8位 気象災害

1 観測史上、最も暑い夏
東京都心では64日連続で真夏日を記録。猛暑日は22日

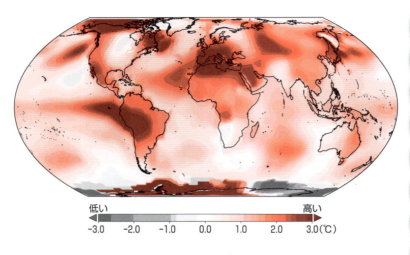

© NASA's Goddard Institute for Space Studies

アメリカ航空宇宙局（NASA）が発表した、世界の2023年7月の平均気温を1951〜1980年7月の平均気温と比較した画像。色の濃いところほど気温が高くなったことを表す

2023年の夏（6〜8月）は日本各地で記録的な暑さとなり、東京都心では、**真夏日**の連続記録や**猛暑日**の日数の記録が更新されました。気象庁によると、長期的な**地球温暖化**などの気候変動の監視に用いられる15地点の観測値から求めた今夏の日本の平均気温偏差は+1.76℃でした。これは1898年に統計を開始して以降、最も高かった2010年の+1.08℃を約0.7℃も上回っていることから、観測史上、最も暑い夏だったといえます。こうした異常な暑さは世界的なもので、**国連のグテレス事務総長**も直ちに行動する必要性を訴えました。

　東京都心で真夏日の連続記録を更新

　2023年は、暑さに関する記録更新ラッシュの年となりました。たとえば東京都心では、7月6日から9月7日までの64日間連続で、**1日の最高気温が30℃以上の真夏日**が記録されました。これまでの記録は、2004年7月6日から8月14日までの40日間連続でしたが、それを大幅に更新する最長記録となりました。9月8日と9日は最高気温が30℃を下回りましたが、10日から20日までと27・28日は再び真夏日となり、28日には2023年で90日目の真夏日が記録されました。2010年の71日という歴代最多日数を大きく更新しています。この間、**1日の最高気温が35℃以上の猛暑日**は、7月に13日、8月に9日の合計22日あり、これも2022年の16日という歴代最多日数を更新しました。9月の日本の平均気温は過去最高で、9月28日には、甲府市と静岡市で、観測史上最も遅い猛暑日も記録されました。

　1日の最低気温の記録更新もあり、8月10日には新潟県糸魚川で31.4℃という最低気温を観測しました。これは、全国で観測された1日の最低気温のなかでは高い方から歴代1位の記録でした。

　さらなる猛暑に備え、2024年から「熱中症特別警戒アラート」が運用開始予定

　2021年4月より全国で運用が開始されている「**熱中症警戒アラート**」は、気象庁と環境省が暑さへの「気づき」を促し、警戒を呼びかけるために提供する情報です。人体に対する影響が大きい「気温・湿度・輻射熱」の3要素を取り入れた指標である「暑さ指数（WBGT）」の数値を発表基準としています。現在運用されている「熱中症警戒アラート」の発表基準は、都道府県内のいずれかの観測地点において暑さ指数が33以

上になると予測される場合です。

さらなる猛暑に備え、2024年からは「熱中症特別警戒アラート」が発表される予定です。これについて環境省は2023年9月、都道府県単位ですべての観測地点において暑さ指数の予測値が35以上になった場合に発表するという基準を示しました。

(出典：環境省熱中症予防情報サイト https://www.wbgt.env.go.jp/wbgt_lp.php
「暑さ指数(WBGT)について学ぼう」(環境省)https://www.wbgt.env.go.jp/wbgt_lp.php を加工して作成)

7～8月の猛暑の原因

2023年7月後半は、太平洋高気圧の日本付近への張り出しが強まり、梅雨明けとともに晴れの天気が多くなりました。また、上層の亜熱帯ジェット気流が北へ蛇行したため、北日本や東日本は背の高い高気圧に覆われました。これらの現象は、フィリピン付近での対流活動も影響して起こったと考えられます。8月に入ると、移動の遅かった台風6号や台風7号と、日本付近への張り出しがやや弱まった太平洋高気圧との間を通って、南海上から暖かく

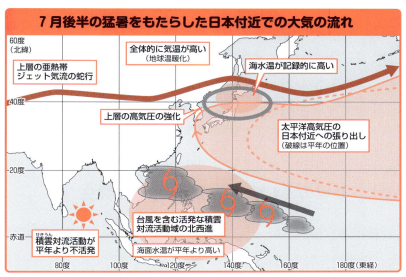
(出典：気象庁ホームページ (https://www.jma.go.jp/jma/press/2308/28a/kentoukai20230828.html)
「7月後半の顕著な高温をもたらした大規模な大気の流れに関する模式図」をもとに作成)

湿った空気が日本の上空に入り込む状況が続いたため、特に日本海側で、フェーン現象による気温の上昇が起こりました。また、北日本では、三陸沖まで北上していた暖かい黒潮の影響もあり、気象庁が異常と指摘するほどの記録的な高温になったと考えられます。

「地球沸騰化」の時代

異常な暑さは日本だけではなく、世界的に観測されました。南ヨーロッパやアメリカ、カナダで森林火災が多発したのもその表れといえます。こうした状況を受けて、2023年7月27日には、国連本部で世界気象機関(WMO)の報告書の発表がありました。2023年7月が観測史上最も暑い月だったとする内容で、グテレス国連事務総長は、「地球温暖化の時代は終わり、地球沸騰化の時代が到来した」と記者団に語り、気候変動を食い止めるための劇的な行動を早急に起こす必要性を訴えました。その後、9月には、WMOとヨーロッパ連合(EU)の気象情報機関が、2023年6～8月の世界の平均気温は観測史上、最も高かったとも発表しています。

私立中学校の先生に聞きました
小学生に知っておいてほしいニュース TOP20　第8位　気象災害

2 2023年も各地で多数の線状降水帯が発生
台風の接近などに伴い、南から暖かく湿った空気が流れ込んで大雨に

7月10日の大雨により冠水した福岡県久留米市内の様子

©毎日新聞社／アフロ

2023年も各地で、南から暖かく湿った空気が流れ込み「線状降水帯」が形成されたことなどにより、大雨が降りました。7月10日には、福岡県と大分県に**大雨特別警報**が出され、8月には、変則的な動きをした**台風6号**と、15日に近畿地方を縦断した**台風7号**により、新幹線をはじめとする交通機関のダイヤが大幅に乱れました。9月8日には**台風13号**が東海から関東地方に接近しました。台風としての勢力はそれほど強くなく、上陸前に熱帯低気圧に変わりましたが、千葉県や茨城県では線状降水帯が発生し、大きな被害が出ました。

6県の11地点で線状降水帯が発生

「**線状降水帯**」とは、同じ場所で積乱雲が次々と発生して線状に連なったものです。これが形成されると、数時間にわたり同じ場所で激しい雨が降るため、災害を引き起こす可能性が高くなります。2023年も各地でたびたび発生しました。

2023年6月1日から3日午前中にかけては、本州付近に停滞した**梅雨前線**に向かい、日本の南にあった大型の台風2号から暖かく湿った空気が流れ込み、前線の活動が活発になりました。特に2日は、関東地方から九州地方にかけての太平洋側で大雨となりました。高知県、和歌山県、奈良県、三重県、愛知県、静岡県の6県の合計11地点には線状降水帯が発生し、「**顕著な大雨に関する気象情報**」が発表されました。静岡県伊豆市天城山では、この3日間の降水量の合計が517.5mmにも達しました。これを含め、東海地方の4地点で3日間の降水量が500mmを超えました。

6月2日12時の天気図

6月2日12時の気象衛星からの赤外画像

（出典：気象庁ホームページ（https://www.data.jma.go.jp/obd/stats/data/bosai/report/2023/20230623/jyun_sokuji20230601-0603.pdf）
「地上天気図（6月2日12時）」「衛星赤外画像（6月2日12時）」を加工して作成）

福岡県と大分県で大雨特別警報

7月には、九州北部・南部と奄美地方を中心に、中国地方や北陸地方でも線状降水帯が発生しました。特に10日には福岡県、佐賀県、大分県で線状降水帯による大雨が降ったため、気象庁は福岡県と大分県を対象に**大雨特別警報**を発表しました。この時期に大雨が降った原因としては、日本の南にある**太平洋高気圧**が例年よりも西に張り出しており、高気圧に沿って時計回りに吹く風により、暖かく湿った空気が大量に流れ込んだことや、上空のジェット気流の蛇行の影響で梅雨前線の活動が活発になったことが考えられます。

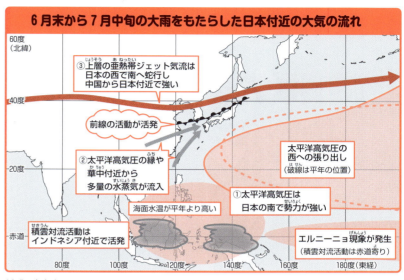

（出典：気象庁ホームページ (https://www.jma.go.jp/jma/press/2308/28a/kentoukai20230828.html)
「図1-4　6月末から7月中旬の大雨をもたらした大規模な大気の流れに関する模式図」をもとに作成）

変則的な動きをした台風6号と、近畿地方を縦断した台風7号

8月の上旬には動きが遅く、しかも変則的な進路をとった**台風6号**の影響で、九州南部と奄美地方で線状降水帯が発生しました。また、15日には**台風7号**が和歌山県潮岬付近に上陸して近畿地方を縦断し、兵庫県北部に達したため、気象庁から鳥取県を対象とした大雨特別警報が発表されました。2023年では初めて上陸したこの台風7号の影響で、東海道・山陽新幹線は15日に名古屋－岡山間で「計画運休」しました。翌16日には、今度は静岡県内での大雨により、東京－名古屋間が運休になり、ダイヤの乱れは17日まで続きました。

（出典：気象庁ホームページ (https://www.data.jma.go.jp/yoho/typhoon/route_map/bstv2023.html)「[7] 第6号※（接近）」の図を加工して作成）

台風13号では関東でも線状降水帯

9月8日には**台風13号**が東海・関東地方に接近しました。台風としてはそれほど強いものではなく、上陸前に熱帯低気圧に変わりましたが、東日本では大気の状態が不安定になり、線状降水帯が形成された千葉県では「記録的短時間大雨情報」が11回も発表されました。茂原市や鴨川市などでは多くの建物が浸水したほか、茨城県日立市では大規模な土砂崩れも発生しました。

3 日本の宇宙開発の現在
新しい宇宙飛行士候補者2名が決定。無人探査機の月着陸もめざす

月着陸をめざす日本の無人探査機「ＳＬＩＭ」の想像図　©JAXA

2022年10月から2023年3月まで国際宇宙ステーション（ＩＳＳ）に滞在し、2度の船外活動を行った若田光一宇宙飛行士に続いて、2023年8月からは、古川聡宇宙飛行士がＩＳＳに滞在しています。また、2023年2月には、諏訪理さん、米田あゆさんの2人が新しい宇宙飛行士候補者に選ばれたことが、宇宙航空研究開発機構（ＪＡＸＡ）から発表されました。さらに、2023年9月には、日本初の月着陸をめざす無人探査機「ＳＬＩＭ」が、Ｈ-ⅡＡロケットにより、鹿児島県の種子島宇宙センターから打ち上げられました。

 新たな宇宙飛行士候補者が決定

　ＪＡＸＡは2021年12月から2022年3月にかけて、13年ぶりに宇宙飛行士候補者を募集しました。今回の募集は応募条件が緩和され、初めて学歴不問とされたのが特徴でした。2023年2月には、厳しい選抜試験を突破して、4127名もの応募者から選ばれた2名が発表されました。世界銀行上級防災専門官の諏訪理さん（当時46歳）と日本赤十字社医療センター外科医師の米田あゆさん（当時28歳）です。2人は2023年4月以降、約2年間の基礎訓練を行い、その結果を評価のうえ、正式な宇宙飛行士として認定される予定です。

オンラインで会見する諏訪理さん（左）と会場で会見する米田あゆさん（右）　©JAXA

 古川宇宙飛行士がＩＳＳへ

　2022年10月から2023年3月まで、若田光一宇宙飛行士（当時59歳）がＩＳＳに長期滞在しました。その間、1～2月には2度にわたって船外活動も行いました。若田飛行士の宇宙飛行は5回目でしたが、意外にも船外活動は初めてでした。続いて、2023年8月26日には、古川聡宇宙飛行士らを乗せたアメリカ

のクルードラゴン宇宙船（Crew-7）がアメリカ・フロリダ州のケネディ宇宙センターから打ち上げられ、翌日、ＩＳＳに到着しました。今回の約半年間の長期滞在のミッションテーマは「宇宙でしか見つけられない答えが、あるから。」で、生命科学や物質・物理科学の実験から、将来の月探査、ＩＳＳの運用終了後の宇宙開発、次世代の教育、**持続可能な開発目標（ＳＤＧｓ）**の達成につながる宇宙実験に至るまで、**日本の宇宙実験棟「きぼう」**ならではの環境を生かしてさまざまなミッションを行う予定です。なお、古川飛行士も59歳で、若田飛行士と並び、日本人としては最も高齢での宇宙飛行となりました。

2023年8月27日、ＩＳＳに到着した古川聡宇宙飛行士
©JAXA/NASA

「H-ⅡA」ロケット47号機の打ち上げに成功

　2023年9月7日午前8時42分、国産主力ロケット「H-ⅡA」47号機が鹿児島県の種子島宇宙センターから打ち上げられました。このロケットにはJAXAの月面探査機「ＳＬＩＭ」とX線天文衛星「ＸＲＩＳＭ」が搭載されており、打ち上げから約50分後までに、それぞれ目標の軌道に投入することに成功しました。日本は2022年10月に固体燃料ロケット「イプシロン」6号機、2023年3月にH-ⅡAロケットの後継機である「H3」1号機と、2回続けてロケットの打ち上げに失敗していましたが、H-ⅡAロケットの打ち上げには、今回を含めて47機中46機が成功しています（成功率97.9％）。これまでの高い実績を証明する形となりました。

期待のかかる「SLIM」

　小型月着陸実証機「ＳＬＩＭ」は、将来の月や惑星の探査に必要なピンポイント着陸技術と、小型で軽量な探査機システムの実現をめざす月面探査機です。従来の探査機は「降りやすいところへ降りる」ことをめざしていましたが、「ＳＬＩＭ」は「降りたいところへ降りる」ことをめざします。この技術が実現できれば、月よりも制約の厳しい惑星への着陸も可能となり、探査の幅も大きく広がります。また、探査機自体を軽量化できれば、将来必要とされる高性能の観測装置の搭載も可能になります。

　ＳＬＩＭの月着陸は2024年1～2月の予定です。成功すれば、アメリカ、ソビエト連邦、中国、2023年8月に「チャンドラヤーン3号」が月の南極への着陸に成功したインドに続き、日本が月に探査機を着陸させた5番目の国になります。

月面に着陸した無人探査機「SLIM」の想像図
©JAXA

4 2023年は4月に部分日食、10月に部分月食

4月の日食は、インド洋から太平洋にかけて「金環皆既日食」として見られた

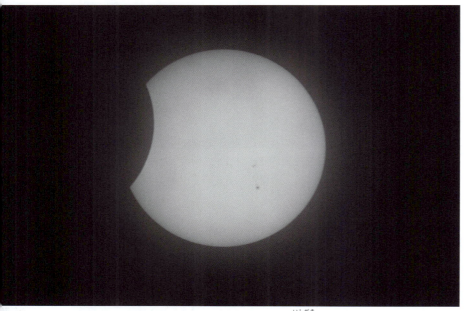

2023年4月20日14時14分ごろ、沖縄県の石垣島で観測された部分日食
© 国立天文台

新月のときに「太陽―月―地球」がこの順に一直線上に並ぶと起こる**日食**は、月の影が地球に映るときに観測できる現象ですが、月が太陽の一部だけを隠す**部分日食**、月が完全に太陽を覆い隠す**皆既日食**、月が太陽を隠し切れず、月のまわりに太陽がリング状に見える**金環日食**があります。皆既日食と金環日食とがあるのは、地球の軌道も月の軌道も完全な円ではなくだ円なので、地球から太陽までの距離も、地球から月までの距離も常に変化しているからです。同じ1回の日食で、皆既日食と金環日食の両方が観測できる「**金環皆既日食**」もあります。

2023年4月の日食

　4月20日の日食は、インド洋上で金環日食として始まりましたが、オーストラリア北西端やインドネシアの一部の地域では皆既日食となり、太平洋上で再び金環日食となって終わりました。こうした日食を「**金環皆既日食**」といいます。金環日食や皆既日食が見られた地域の周辺では、**部分日食**となりました。日本では、関東・東海・近畿・四国・九州地方のそれぞれ南部、伊豆・小笠原諸島、南西諸島で部分日食が観測されましたが、東京は、観測できる地域からわずかに外れていました。

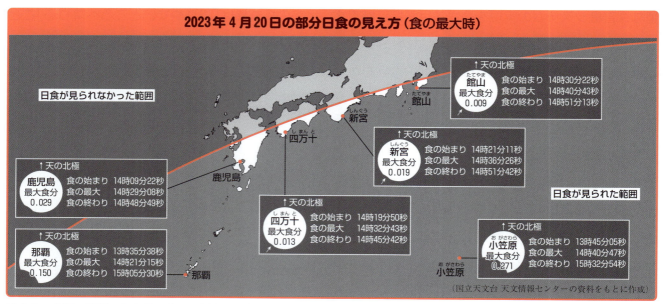

※食分…太陽の直径のうち月によって隠された部分の割合

第5章　理科ニュース

金環皆既日食はなぜ起こる？

日食のとき、月の本影が地表に届くと皆既日食になりますが、地球と月との距離がやや遠いときは、本影の先端が地表に届かなくなるため、金環日食となります。地球は球体であるため、地表から月までの距離が観測地点によって微妙に異なります。そのため、同じ日食で金環日食と皆既日食の両方が起こることがあるのです。

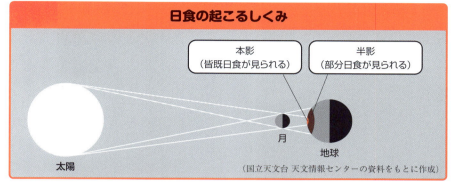

2023年10月の月食

一方、2023年10月29日の明け方5時前後には、日本の各地で部分月食が見られます。4時35分ごろに始まり5時54分ごろに終わるこの月食の食の最大は5時14分ごろです。このときの月は西の地平線近くの低い位置にあり、その高度は東京で9.1度、那覇でも18.0度です。また、木星は11月3日に、地球から見てちょうど太陽と反対側の位置にくるため、その直前の10月29日も、夜空では満月の近くに見えます。

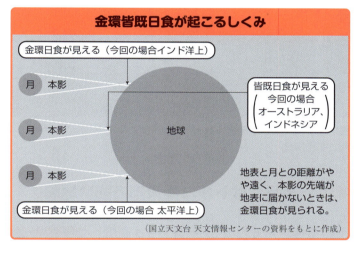

満月のときに、「太陽－地球－月」がこの順に一直線上に並ぶと起こる月食は、太陽の光がほとんど届かない地球の本影に月が入るため、月が欠けたように見える現象です。月全体が地球の本影に入ったときは皆既月食になりますが、月の一部しか入らないときは部分月食となります。今回地球の本影に入るのは、月の直径の12.8％です。

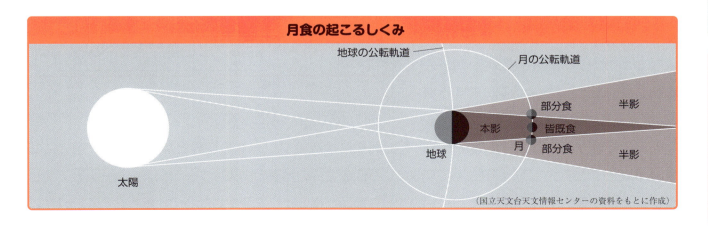

5 トルコとモロッコで強い地震

地中海沿岸では、北上するアフリカプレートがユーラシアプレートに衝突している

強い地震で倒壊した建物もあったモロッコのマラケシュで、がれきの山を掘り起こす作業員

© ロイター／アフロ

2023年も世界では大きな地震が発生しました。2月には**トルコ**南東部のシリアとの国境近くで、マグニチュードが8に近い巨大な地震が発生し、5万人以上が死亡しました。また、9月には北アフリカにある**モロッコ**のマラケシュの近くで、マグニチュードが7に近い地震が発生し、約3000人が死亡しました。これらの地震はともに、北上する**アフリカプレート**、アラビアプレートが**ユーラシアプレート**に衝突している、地中海沿岸で起こったものです。日本でも5月に、能登半島や千葉県で、やや大きな地震が多発しました。

2月にはトルコ南東部で強い地震

2023年2月6日10時17分（日本時間、現地時間では4時17分）、**トルコ**南東部のシリアとの国境近くで、震源の浅いモーメントマグニチュード（Mw）が7.8の地震が発生しました（Mwは日本の気象庁による）。

さらに、同じ日の19時24分（日本時間、現地時間では13時24分）にも、1回目の地震の震源の近くで、震源の浅いMwが7.6の地震が発生しました。日本の気象庁ではこれらの地震に対して、津波の心配はないとする「遠地地震に関する情報」を発表しています。

近年、トルコとその周辺で発生した地震の震央

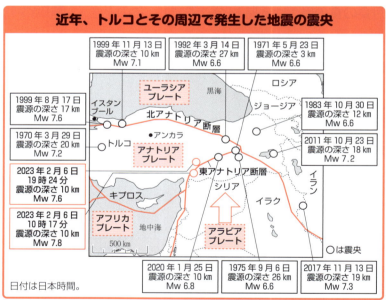

モーメントマグニチュード（Mw）は、主に日本国内の地震に用いられるマグニチュードとは算出方法が異なる

（出典：気象庁ホームページ（https://www.jma.go.jp/jma/press/2303/08a/2302eq-world.pdf）「図1-1 震央分布図」をもとに作成）

トルコとシリアの国境付近は、日本付近と同様に複数のプレートの境界となっていて、過去にもMw6.0以上の地震がたびたび発生しています。今回の2つの地震の震央はユーラシアプレートとアラビアプレートの境界付近にあたっており、いずれも断層が横にずれて発生したものと解析されています。

9月にはモロッコでも強い地震

2023年9月9日7時11分（日本時間、現地時間では8日23時11分）、北アフリカのモロッコでマグニチュード（M）が7.0の地震が発生しました。震源は旧市街が世界遺産に登録されているマラケシュの南東約75km、3000～4000m級の山が連なるアトラス山脈の直下で、その深さは約30kmとみられます。震央付近では、震度5強～6弱程度の揺れが襲ったと解析されています。モロッコではれんがを積み上げて造った耐震性の低い家屋が多かったため、マラケシュより震源に近い山間部の村では深刻な被害が確認されています。モロッコ付近は北上するアフリカプレートがユーラシアプレートに衝突している地域で、2004年2月にも大きな地震が発生していました。

地球の表面は十数枚のプレートで覆われていて、それぞれのプレートは別々の方向に移動しています。日本付近は複数のプレートが衝突する境界にあたっているので、プレート境界型の地震が起こりやすいといえます。2023年に地震が発生したトルコとモロッコを含む地中海地方も同様です。

（出典：気象庁ホームページ（https://www.jma.go.jp/jma/press/0403/05b/200402jisin.pdf）「図1　モロッコ周辺の震央分布図」をもとに作成）

（出典：気象庁ホームページ（https://www.bousai.go.jp/kaigirep/hakusho/h16/bousai2004/html/zu/zu1101020.htm）「図1-1-2　世界の震源分布とプレート」をもとに作成）

日本では5月に強い地震が多発

2023年5月には、最大震度5弱以上を観測した地震が日本の各地で合計6回発生しました。なかでも5月5日には能登半島沖で地震が連続し、最大震度4のものを含めると合計4回の強い地震が発生しました。これらの地震は、2020年12月から石川県能登地方で続く一連の地震活動の一部だと考えられます。

発生日時	震央	マグニチュード(M)	最大震度
2023年5月5日14時42分	石川県能登半島沖	6.5	6強
2023年5月5日21時58分	石川県能登半島沖	5.9	5強
2023年5月11日4時16分	千葉県南部	5.2	5強
2023年5月13日16時10分	鹿児島県トカラ列島近海	5.1	5弱
2023年5月22日16時42分	東京都新島・神津島近海	5.3	5弱
2023年5月26日19時3分	千葉県東方沖	6.2	5弱

もっと知りたい その他の理科のトピックス

「線状降水帯予測スーパーコンピュータ」の稼動が開始

　2023年3月1日より、それまでのスーパーコンピュータの約2倍の計算能力を持つ「線状降水帯予測スーパーコンピュータ」の稼動が開始されました。予測精度の向上のためです。このスーパーコンピュータには日本が世界に誇る「富岳」の技術が活用されており、高い計算能力によって、現在の水平解像度5kmの局地モデルからさらに解像度を高め、水平解像度1kmの局地モデルをめざします。この高解像度局地モデルは、2025年度からの運用開始に向けて現在開発中です。

群馬県館林市の企業の施設に設置されている「線状降水帯予測スーパーコンピュータ」
（出典：気象庁ホームページ（https://www.jma.go.jp/jma/press/2302/24b/20230224_press.pdf）
「図1 線状降水帯予測スーパーコンピュータ」）

一部の玩具などの販売を規制

　2023年6月から、磁力が非常に強いネオジム磁石などを使用した娯楽用品（マグネットセット）と、水を吸収すると大きく膨らむ吸水性の玩具（水で膨らむボール）は、国が定めた基準を満たさない場合には販売できなくなりました。これらの製品を小さい子どもが誤って飲み込み、開腹手術による摘出が必要となった事故が発生したことにより規制が強化されたものです。

ネオジム磁石を使ったマグネットセット　　水で膨らむボール
（出典：国民生活センター／消費者安全調査委員会）　　（出典：国民生活センター）

土星の衛星数が太陽系で最多に

　2023年5月に、土星の衛星が新たに62個発見されたことが報告されました。これによって、土星の衛星数は145個となり、木星の95個を抜いて、既知の衛星数が最も多い太陽系の惑星となりました。

　今回発見された衛星の約半数は、日本の国立天文台がハワイ島のマウナケア山頂付近に設置している「すばる望遠鏡」などのデータがもとになっています。明るさは26等星程度、直径は2km程度のものが多く、ほとんどが土星の自転とは反対方向に公転する逆行衛星です。もともとは大きかった衛星に他の天体が衝突して砕けてできたとみられますが、それが起こったのは過去1億年間のことだと考えられています。

土星　　©NASA/JPL/Space Science Institute

アカミミガメとアメリカザリガニが「条件付き特定外来生物」に

2023年6月1日より、アカミミガメとアメリカザリガニが「条件付き特定外来生物」に指定されました。

この2種はともに北アメリカ原産です。アカミミガメの幼体は「ミドリガメ」と呼ばれ、ペットとして大量に輸入されたものが捨てられたり、逃げ出し

アカミミガメ（左）とアメリカザリガニ（右）

たりして全国各地に定着しました。また、アメリカザリガニはウシガエルのえさにするために持ち込まれたものが逃げ出して定着しました。

どちらも在来種を圧迫するなど、日本の生態系に悪い影響を与えていますが、飼育者が非常に多いため、許可なしでは飼育できない「特定外来生物」に指定してしまうと、「許可を得る手続きが面倒くさい」などの理由で大量に捨てられ、かえって生態系に悪い影響を与える可能性がありました。そのため、これまで指定は見送られてきましたが、2022年の法改正により、野外に放したり売買したりすることは従来の特定外来生物と同様に規制するものの、一般家庭で飼育することや、無料で他人に譲ることは例外的に規制しない「条件付き特定外来生物」の指定も可能になりました。その第1号、第2号になったのがこの2種です。飼育者には引き続き責任を持って飼育してもらうことにしたのです。

北アフリカのリビアで大洪水

2023年9月、北アフリカのリビアで「メディケーン」と呼ばれる地中海の大嵐（低気圧）による大雨が降りました。これにより、大規模な洪水が起こり、1万人以上もの死者と行方不明者が出ました。「メディケーン」とは、「地中海（メディテレーニアン）」と「ハリケーン」を組み合わせた造語で、地中海で発生するハリケーンのような強い低気圧ということです。今回のメディケーンは「ダニエル」と名づけられました。

泥とがれきに覆われた被災後のデルナ。「町の25％が消えた」といわれるほどの被害を出した ©ロイター／アフロ

この「ダニエル」による被害が特に大きかったのが、リビア北東部の都市デルナの周辺で、市内を流れる川の上流では、かつて経験したことのないような記録的な大雨によって、2つのダムが決壊しました。そのため、下流のデルナに大量の水が流れ込み、町全体を押し流してしまいました。

リビア北部は砂漠気候で、年間降水量が200mm程度しかないのに対して、「ダニエル」による24時間雨量は400mm以上もあったので、想像を絶する大災害になりました。「ダニエル」は9月上旬にギリシャで発生し、リビアを襲う前に、ギリシャ中部で24時間に750mmという平年の18か月分もの大雨を降らせていました。こうした低気圧が発達した原因は、2023年夏の地中海の海水温が日本周辺と同様、記録的に高かったためと考えられます。リビアは国が東西に分裂して争っている状態で、災害への備えがほとんどなかったことも、被害を拡大させたようです。

リュウグウの試料からビタミンなどを検出

2020年12月に日本の小惑星探査機「はやぶさ2」が小惑星「リュウグウ」から地球に持ち帰った岩石の試料から、地球生命の遺伝物質の一つであるRNAに含まれる核酸塩基の一つである「ウラシル」と、生命の代謝に不可欠な酵素反応を助ける補酵素の一つである「ビタミンB3（ナイアシン）」を検出することに成功しました。この研究成果は、2023年3月、科学雑誌にオンライン掲載されました。

また、2023年9月24日には、アメリカ航空宇宙局（NASA）の小惑星探査機「OSIRIS-REx」が小惑星「ベンヌ」で採取した岩石の試料が入ったカプセルも地球に届けられました。今後はこちらの試料からも、地球生命の起源解明の手がかりとなる物質が検出されるのではないかと期待されています。

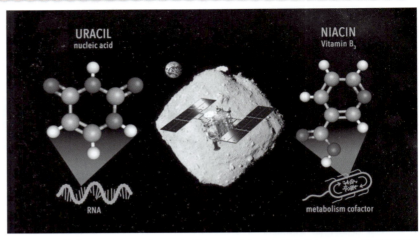

小惑星探査機「はやぶさ2」がリュウグウでウラシルとビタミンを含む試料を採取するイメージ
JAXA/NASA/Dan Gallagher

ヨーロッパの太陽系探査に日本が協力

2023年4月、ヨーロッパ宇宙機関（ESA）が主導して日本なども参加したプロジェクトとして、木星氷衛星探査機「JUICE」が打ち上げに成功しました。探査機「JUICE」の目的は、木星の大型氷衛星であるエウロパ・カリスト・ガニメデの探査で、8年かけて2031年にこれらの衛星に到達する予定です。氷衛星に残されている太陽系形成当時の材料物質と、地下に存在すると考えられている海を調査します。

一方、2018年に打ち上げられたESAの水星表面探査機「MPO」と宇宙航空研究開発機構（JAXA）の水星磁気圏探査機「みお（MMO）」の2機からなる水星探査機「ベピコロンボ」は、2023年6月に3回目の水星フライバイ（ある天体の近くを通過すること）を行った際に、水星の地表から236kmの高度にまで接近しました。「みお（MMO）」の目的は水星の磁場やプラズマなどを観測し、太陽近くでの磁気圏の理解や地球型惑星の形成プロセスに迫ることです。「みお（MMO）」は2025年12月に水星周回軌道に投入される予定ですが、それまでにあと3回の水星フライバイにより、軌道を変えることが必要です。

ファーブル生誕200年

フランスの博物学者で「昆虫記」の著者として知られるジャン・アンリ・ファーブル（1823年～1915年）は、2023年からちょうど200年前の1823年に、南フランスのサン・レオンという山村で生まれました。ファーブルは、生きた昆虫の行動を忍耐強く観察し、「自分の目で見たことしか信じない、そしてこの目で見たことはどんな不思議なことでも正確に記録する」という科学者としての姿勢を貫きました。55歳から約30年もの年月をかけて書き上げられた全10巻の「昆虫記」には、「昆虫の本能と生態の研究」というサブタイトルがついています。

ジャン・アンリ・ファーブル
© Science Photo Library/アフロ

2024年 中学入試 予想問題

次のページからは、サピックス小学部作成の「入試予想問題」となっています。記号選択や語句記入の問題もあれば、記述問題もあります。さまざまなタイプの問題に挑戦して、学習の総仕上げをしてください。

- 政治・経済　……………………………………………… 102
- 国　際　　　……………………………………………… 110
- ○周年・その他　………………………………………… 118
- 理　科　　　……………………………………………… 128
- 解　答　　　……………………………………………… 153

（代々木ゼミナールの書籍案内ページにも同じものがあります。）

解答用紙と解説はサピックス小学部HPにあるよ！

アクセス
サピックス小学部HP
https://www.sapientica.com/application/activities/gravenews/

代々木ゼミナールの書籍案内
https://www.yozemi.ac.jp/books/

※予想問題に取り組むときは、解答用紙をダウンロードしてご利用ください。

予想問題

解答用紙と解説はサピックス小学部HPにあるよ！

政治・経済

解答は153〜154ページにあります。

★ 次の文章を読んで、あとの問いに答えなさい。

　2023年4月9日には都道府県や政令指定都市の首長及び地方議会議員を選び、4月23日にはそれ以外の首長及び地方議会議員を選ぶ①第〈　　〉回統一地方選挙が実施されました。では、今回の選挙について見ていきましょう。

　まずは、女性の活躍です。今回の選挙は②男女の候補者の数ができる限り均等になるよう政党に努力を求める「政治分野における男女（　あ　）推進法」が2018年に施行されてから2回目の統一地方選挙でした。実際、候補者全体に占める女性の割合も、当選者に占める女性の割合も上昇し、③東京都杉並区や兵庫県宝塚市などでは女性の議員が半数を超えることになりました。ただ、政治分野をはじめ、社会全体で女性が今以上に活躍するには、まだ時間がかかるのかもしれません。

　問題点として挙げられるのは「④無投票当選」が非常に多かったことです。全国の多くの市町村長選挙で候補者が1人しかいなかったほか、立候補者が定数に満たない「定数割れ」となった地方議会議員選挙も多く見られました。人口減少、過疎化、少子高齢化の急速な進行が議員の「なり手不足」につながっていることが背景にあり、特に少子高齢化は深刻です。現在まで⑤新型コロナウイルス感染症が流行するなかで出生数は減少し続け、2022年の⑥出生数は約77万人となったほか、一人の女性が一生の間に産む子どもの数を示す（　い　）は1.26で2005年と並び、過去最低を記録しました。2023年4月1日には⑦こども家庭庁が発足しましたが、岸田首相も⑧社会全体を維持していくために、「先送りできない問題」として、⑨少子化対策とこども政策にしっかり向き合っていくことを年頭に発表しています。

　⑩国と地方には、共通の課題もあれば、それぞれ特有の課題もあり、時には、さまざまな立場の人々の利害が対立することもあるでしょう。⑪変化に対応し、誰もが安心して暮らせる社会をつくるためには、⑫「先送りできない問題」に対して、国が、地方自治体が、そして主権者である私たち一人ひとりが、「対立」ではなく「対話」を十分に重ねることが大切なのではないでしょうか。

問1　文章中の空らん（　あ　）・（　い　）に当てはまる語句を、解答らんに合うようにそれぞれ**漢字**で答えなさい。

問2　下線部①について、次の(1)〜(5)の各問いに答えなさい。

(1)　第1回統一地方選挙は1947年に行われました。1947年のできごととして最も**ふさわしくないもの**を、次のア〜エから1つ選び、記号で答えなさい。

　ア　地方自治法の公布　　イ　労働組合法の制定
　ウ　日本国憲法の施行　　エ　教育基本法の制定

(2) 下線部①の空らん〈　〉と同じ数字が当てはまるものを、次の4つの文の空らん（　ア　）～（　エ　）から1つ選び、記号で答えなさい。

・20（　ア　）年に開催予定の大阪・関西万博では、会場内での支払いはすべてキャッシュレスとなることが主催者側から発表された。
・2023年3～4月、首都圏・関西のJRや一部私鉄は駅のバリアフリー化を推進するため、国の制度を活用して普通運賃に（　イ　）円を上乗せした。
・日本に住む個人に（　ウ　）けたの番号を割り当てるマイナンバー制度について、法改正により、マイナンバーカードと従来の健康保険証を一体化することになったが、情報の登録などでトラブルも相次いでいる。
・2023年9月、世界経済や外交で影響力を強めるBRICS（新興5か国）の一員であるインドのニューデリーで、G（　エ　）サミットが開催された。

(3) 兵庫県芦屋市では選挙の結果、史上最年少の市長が誕生しました。この人物の当選決定時の年齢として最もふさわしいものを、次のア～エから1つ選び、記号で答えなさい。

ア　20歳　　　イ　22歳　　　ウ　24歳　　　エ　26歳

(4) 今回の統一地方選挙では、テレビ局の情報発信について新たな取り組みが見られました。次の文の空らん（　　）に共通して当てはまる漢字2字を答えなさい。

開票速報の一部（午後8時台）に（　　）を付けて放送する初めての取り組み

東京オリンピック閉会式とパラリンピック開閉会式で（　　）放送を行った知見を活かして、正確な（　　）通訳に万全を期しながら、国民の最大の政治参加の機会である選挙に関わる情報をより多くの方々へお届けします。

(5) 統一地方選挙が行われた1947年～2023年において、右の棒グラフで示した「ある数」の変化と、折れ線グラフで示した「統一率」の関係を、「ある数」が何かにふれながら説明しなさい。

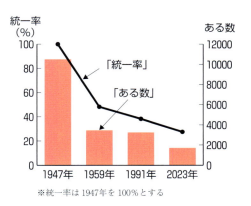

※統一率は1947年を100％とする

103

問3 下線部②について、近年では【資料1】【資料2】に見られるように、選挙ポスターの掲示方法を変更する自治体も増えています。資料から読み取れる変更内容と、その理由を説明しなさい。

【資料1】

（毎日新聞社提供）

【資料2】

2019年の前回の選挙での掲示板

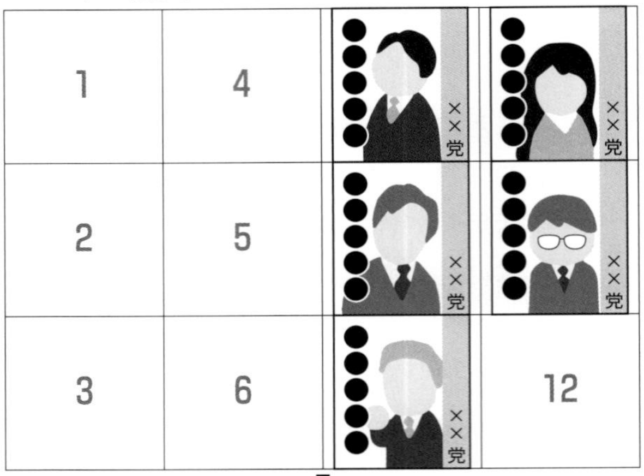

今回の選挙での掲示板

問4 下線部③について、杉並区と宝塚市に関する次のⅠ・Ⅱの説明文の正誤の組み合わせとして最もふさわしいものを、あとの**ア～エ**から1つ選び、記号で答えなさい。

Ⅰ：杉並区は現在、4つの区、2つの市と隣接しており、かつては中山道の宿場として栄えた地域も区内に複数ある。

Ⅱ：大阪や神戸のベッドタウンとしての役割も果たす宝塚市は、「歌劇と温泉のまち」として全国に知られている。

ア Ⅰ：正 Ⅱ：正　　**イ** Ⅰ：正 Ⅱ：誤　　**ウ** Ⅰ：誤 Ⅱ：正　　**エ** Ⅰ：誤 Ⅱ：誤

問5 下線部④について、無投票当選の多さと投票率の低さがなぜ問題なのか、次の2つの【ヒント】をふまえて説明しなさい。

【ヒント1】「地方自治は民主主義の学校」といわれる。
【ヒント2】 日本国憲法第93条第2項には、「地方公共団体の長、その議会の議員及び法律の定めるその他の吏員は、その地方公共団体の住民が、直接これを選挙する」と記されている。

問6 下線部⑤について、次の(1)〜(4)の各問いに答えなさい。

分類	規定される感染症	入院勧告	就業制限	感染者の全数把握	医療費の公費負担
1類	ペスト・エボラ出血熱など	○	○	○	○
2類	結核・鳥インフルエンザ（一部）など	○	○	○	○
3類	コレラ・腸チフスなど	×	○	○	×
4類	デング熱・マラリアなど	×	×	○	×
5類	季節性インフルエンザなど	×	×	一部把握	×

(1) 上の表中の感染症について説明した文としてふさわしいものを、次のア〜オから2つ選び、記号で答えなさい。

ア　明治時代に、ペスト菌を発見した人物の1人と破傷風の治療方法を開発した人物は同じである。
イ　天然痘は世界保健機関（WHO）の根絶宣言以降、世界で患者が発生した報告はない。
ウ　日米修好通商条約が締結された1858年、最大の貿易港であった神戸でコレラが大流行した。
エ　デング熱もマラリアも熱帯地域特有の感染症なので、日本で感染が拡大する可能性はない。
オ　季節性インフルエンザを予防するためのワクチン接種は法律上、小学生以上に義務づけられている。

(2) 2023年5月8日に、新型コロナウイルス感染症の感染症法上の位置づけが「2類相当」から、季節性インフルエンザなどと同じ「5類」へと移行しました。これにより、流行状況については、右の【資料3】のように「全数把握」から「定点把握」に切り替わりましたが、そのメリット・デメリットとして考えられることを、それぞれ40字以内で答えなさい。

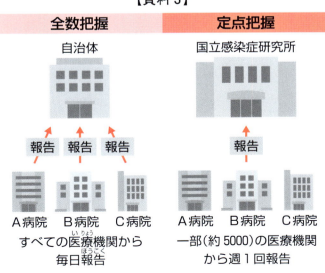

(3) 新型コロナウイルス感染症が流行している状況で、混雑した鉄道での通勤を避けるために国内で広がりを見せた「時差通勤」は、太平洋戦争末期にも行われていたようです。この時期に、出勤時間に差をつける必要があった理由を、当時の状況をふまえて説明しなさい。

(4) 前ページの表中の鳥インフルエンザについて、次の(i)・(ii)の各問いに答えなさい。

(i) 鳥インフルエンザの発生による供給不足や輸入飼料の価格高騰などが原因で、鶏卵の価格上昇が続きました。鶏卵の自給率（重量ベース：％）の推移として最もふさわしいものを、次の表中のア～エから1つ選び、記号で答えなさい。ただし、飼料自給率は考えないものとします。

	1970年度	1980年度	1990年度	2000年度	2010年度	2021年度
ア	9	10	15	11	9	17
イ	84	81	63	44	38	39
ウ	97	98	98	95	96	97
エ	102	97	79	53	55	57

（農林水産省「食料需給表」より）

(ii) 日本は、「ある国」から鶏肉を最も多く輸入していますが、その国から鶏卵も輸入しています。日本が「ある国」から輸入している品目（2021年）として最もふさわしいものを、次の表中のア～エから1つ選び、記号で答えなさい。なお、「ある国」では、2023年に国内で初めて鳥インフルエンザが発生しています。

	ア	イ	ウ	エ
1位	鉄鉱石	機械類	肉類	石炭
2位	肉類	医薬品	なたね	液化天然ガス
3位	とうもろこし	液化石油ガス	鉄鉱石	鉄鉱石
4位	有機化合物	液化天然ガス	銅鉱	銅鉱
5位	コーヒー	肉類	石炭	肉類

（「日本国勢図会 2023/24 年版」より）

問7 下線部⑥について、人口が77万人に最も近い政令指定都市としてふさわしいものを、次のア～エから1つ選び、記号で答えなさい。

ア　静岡市　　　イ　新潟市　　　ウ　北九州市　　　エ　仙台市

問8 下線部⑦について、日本の省庁に関する次の(1)・(2)の各問いに答えなさい。

(1) こども家庭庁の発足について説明した文として最もふさわしいものを、次のア〜エから1つ選び、記号で答えなさい。

ア　幼稚園・保育所・認定こども園の管轄は、すべてこども家庭庁に集約されることになった。
イ　こども家庭庁は内閣府に属する外局で、長官は国会議員であり国務大臣でもある。
ウ　発足に合わせて、国の一般会計予算における子育て・教育に関連する歳出が倍増された。
エ　こども家庭庁の発足と同じ日に、こどもの権利を保障するためのこども基本法が施行された。

(2) 2023年3月、文化庁が京都に移転し、業務を始めました。これに関する次のⅠ〜Ⅲの説明文の正誤の組み合わせとして最もふさわしいものを、あとのア〜クから1つ選び、記号で答えなさい。

Ⅰ：中央集権化が進められた明治維新以降、中央省庁が首都東京から地方に全面的に移転したのは今回が初めてである。
Ⅱ：移転先が京都になった理由のひとつは、美術工芸品や建造物など国宝の都道府県別指定件数1位が京都府だからである。
Ⅲ：現在の文化庁の業務は多岐にわたり、世界遺産の推薦や、芸術作品・音楽の著作権に関する業務も行っている。

	ア	イ	ウ	エ	オ	カ	キ	ク
Ⅰ	正	正	正	正	誤	誤	誤	誤
Ⅱ	正	正	誤	誤	正	誤	正	誤
Ⅲ	正	誤	誤	正	正	正	誤	誤

問9 下線部⑧について、社会活動を維持するには多くの働き手が欠かせません。これについて、次の(1)〜(3)の各問いに答えなさい。

(1) 「モノを運んでくれる」働き手がいないと、私たちの生活は成り立ちません。2024年には物流に関する大きな変化があり、最近では右の【資料4】のような輸送方式も見られるようになっています。これを参考にして、物流の変化に伴う「2024年問題」とは何か、60字以内で答えなさい。

【資料4】

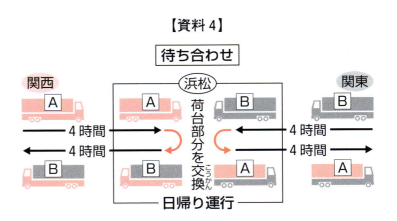

107

(2) 2023年8月1日から、バスやタクシーの運転手の氏名（名札）の掲示義務が廃止されました。廃止された目的を示した次の文の空らん（　う　）・（　え　）に当てはまる語句を、それぞれ**カタカナ6字**で答えなさい。

> 運転手の（　う　）を保護するとともに、乗客が理不尽かつ不当な要求をしたり嫌がらせをしたりするカスタマー（　え　）を防ぐことで、安心して働ける職場環境を整えていく。

(3) 共働きの家庭が増えるなかで、保育所などに入れない待機児童数は減少している一方、小学生が放課後に利用することが多い「●●●●（放課後児童クラブ）」に入れない待機児童数は増加傾向にあります。●●●●に当てはまる**漢字4字**を答えなさい。

問10　下線部⑨について、次の(1)・(2)の各問いに答えなさい。

(1) 岸田首相は男性の育児休業（育休）取得率を2025年度に50%、2030年度に85%に引き上げるという目標を会見で述べました。男性の育休取得率は年々上昇している一方で、男性の「とるだけ育休」が問題視されています。「とるだけ育休」とは何か、次の【資料5】【資料6】を参考にして説明しなさい。

【資料5】育児休業の取得者の期間別割合（令和3年度調査）（%）

	5日未満	5日以上 2週間未満	2週間以上 1か月未満	1か月以上 3か月未満	3か月以上 6か月未満	6か月以上
男性	25.0	26.5	13.2	24.5	5.1	5.5
女性	0.5	0.0	0.1	0.8	3.5	95.3

（厚生労働省「雇用均等基本調査」より）

【資料6】育休中の夫の家事・育児時間（1日）

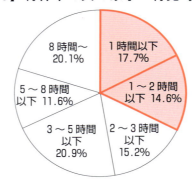

（コネヒト株式会社が日本財団と共同で母親向けアプリ「ママリ」の利用者に対して2019年10月にインターネットで調査した結果）

(2) 小倉少子化対策担当大臣（当時）が2023年1月の記者会見で述べた「M字カーブは解消できたが、L字カーブを是正することが不可欠」ということばの意味を、右のグラフを参考にして、わかりやすく説明しなさい。

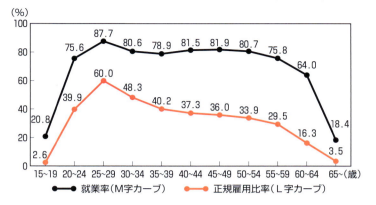

女性の年齢別就業率と正規雇用比率（2022年）

（備考）1. 総務省「労働力調査（基本集計）」より作成
2. 就業率は、「就業者」／「15歳以上人口」×100
3. 正規雇用比率は、「正規の職員・従業員」／「15歳以上人口」×100

問11 下線部⑩について、国の政治と地方の政治の両方で認められていることとして最もふさわしくないものを、次のア～エから１つ選び、記号で答えなさい。

ア　有権者による直接請求　　　　イ　議会の解散
ウ　内閣または首長の不信任決議　　エ　議会による予算の議決

問12 下線部⑪について、次の(1)～(3)の各問いに答えなさい。

(1) 2025年には第一次ベビーブームの時期に生まれた「■■の世代」が75歳以上となることから、高齢者が充実した生活を送れるように、医療や介護などでの地域の支えあいが今以上に大切になってきます。■■に当てはまる漢字２字を答えなさい。

(2) 2023年に「LGBT理解増進法」が成立しましたが、私たちが生きる現代社会においては、性の多様性を尊重しなければならないという考えが広がっています。これについて説明した文として最もふさわしいものを、次のア～エから１つ選び、記号で答えなさい。

ア　この法律は文言をめぐり意見が分かれ、通常国会の会期を２回延長して成立した。
イ　性的少数者を表すLGBTの「T」は一般に、同性を好きになる人を指す。
ウ　同性パートナーを公認したり、性的少数者への差別を禁止したりする条例もある。
エ　LGBT当事者の人権に関する訴訟は、必ず最高裁判所だけで判決を出す。

(3) 2023年、アメリカでは複数の銀行が相次いで急速なスピードで経営破綻しましたが、その背景には預金流出の様子がこれまでとは大きく異なっていることがあったと考えられます。どのように異なっているのか説明しなさい。

問13 下線部⑫について、「先送りできない問題」であるにもかかわらず、なぜ十分な「対話」が必要なのでしょうか。あなたの考えを書きなさい。

国際

1 次の文章を読んで、あとの問いに答えなさい。

　国連によると、世界の人口は2022年11月に80億人を突破したとされています。①アフリカ大陸に現生人類（ホモ＝サピエンス）が現れて以降、世界の人口はこれまでどのように推移してきたのでしょうか。
　世界の人口が増えてきた原因はさまざまですが、まずはおよそ1万年前に起こった（　あ　）業革命が挙げられます。このころの地球では氷期が終わり、次第に温暖化が進みました。これにより、人類はそれまでに比べ安定して食料を得られるようになり、旧石器時代には多くても100万人ほどだったと考えられる人口が、（　あ　）業の定着によって1000万人ほどに増えたとされます。そして西暦紀元前後には、②約2億5000万人となりました。その後も世界の人口はゆるやかに増加していくのですが、18世紀にイギリスのワットが蒸気機関を改良したことによって、世界中に（　い　）業革命の動きが広がると、人々は③化石燃料からばく大なエネルギーを得るようになり、モノの大量生産、大量消費の時代に入ります。（　い　）業革命は人口増加に拍車をかけ、1800年の時点でおよそ10億人とされていた人口は、1900年にはおよそ16億人に増加したと推計されています。その後、二度の世界大戦を経て科学技術、医療技術がめざましく発展するとともに、世界各国で④上下水道の普及が見られました。このことによる死亡率の低下も人口増加につながっていきます。また、⑤発展途上国では子どもたちが労働力として認識される傾向が強いことから、多くの子どもたちが生まれ、いわゆる「人口爆発」と呼ばれる現象が進みました。これにより、1950年にはおよそ25億人だった世界の人口は、2000年には61億人を超えます。その後も世界の人口は増え続け、冒頭に示した数となったのです。
　これからの世界の人口はどのように推移していくのでしょうか。国連の「世界人口推計2022年版」では、世界の人口は2080年代に約104億人に達し、これをピークに、その後は減少に転じると予測しています。そうなる要因として、まずは⑥各国で進む少子化が挙げられます。特に、高度な教育を受ける女性がさらに増えることに伴って、女性の社会進出がいっそう進み、全世界で子どもが生まれにくくなるとされています。また、結婚や出産についての価値観の多様化が進むであろうことも大きく影響すると考えられます。私たちは、短期的には「増えていく人口」と、長期的には「減っていく人口」とうまく折り合いをつけながら、さまざまな選択をしていかなければならないといえるでしょう。

問1　文章中の空らん（　あ　）（　い　）に当てはまる語句を、前後の文章をよく読んで、それぞれ**漢字1字**で答えなさい。

問2 下線部①について、2023年に軍事衝突が起きたスーダン共和国とニジェール共和国の位置として最もふさわしいものを、次の地図中のア～オからそれぞれ1つずつ選び、記号で答えなさい。また、赤道を示す緯線として最もふさわしいものを、地図中のA～Cから1つ選び、記号で答えなさい。

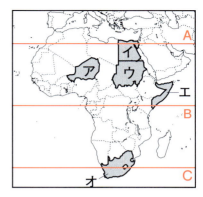

問3 下線部②について、現在、この数に最も近い人口を持つ国の説明として最もふさわしいものを、次のア～エから1つ選び、記号で答えなさい。

ア 2023年に人口が世界一になったとされる国で、公用語の1つに英語が含まれている。
イ 「人種のサラダボウル」と呼ばれるほど多様な人種で構成される国で、国別の在外日本人人口が最も多い。
ウ 国連人口基金の発表によると、この国の人口順位は2023年に11位から12位に下がった。
エ 世界で最もイスラム教徒の人口が多い国で、2024年から首都の移転が計画されている。

問4 下線部③の化石燃料の使用は、二酸化炭素などの温室効果ガスの排出に直結します。これについて、次の(1)・(2)の各問いに答えなさい。

(1) 現在、国別の二酸化炭素排出量が最も多いのは中国で、全世界の排出量の30％以上を占めています。しかし、中国の大量排出には、日本を含む先進国の生活にも原因の一端があると考えられます。それは具体的にどのようなことを指していますか。説明しなさい。

(2) 世界の貿易のおよそ9割は海運が担っており、国際海運で1年間に排出される温室効果ガスは、ドイツ一国の排出量に相当するといわれています。ところが、国際海運で排出される温室効果ガスの削減は進みにくくなっています。その理由として考えられることを、次の図を参考にして説明しなさい。

《あるコンテナ船に関係する国の一例》

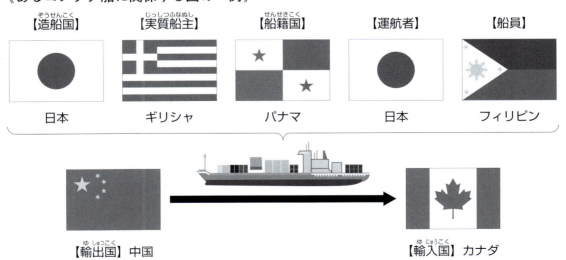

問5 下線部④について、上下水道の普及が死亡率低下の要因となる理由を説明しなさい。

問6 下線部⑤について、次のイラストは「テーブル・フォー・トゥー（ふたりの食卓）」と呼ばれる取り組みを簡潔に示しています。この取り組みでは、イラスト中の**課題X**、**課題Y**を解決、または改善することが期待されています。それぞれどのような課題か説明しなさい。

【テーブル・フォー・トゥー（TFT）のしくみ】

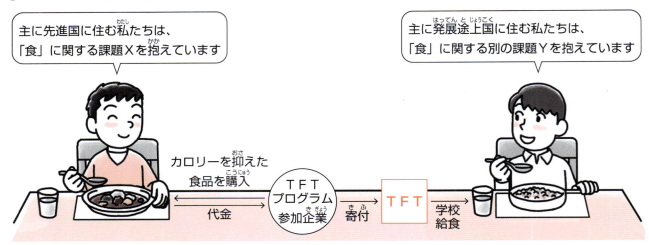

問7 下線部⑥について、次の(1)・(2)の各問いに答えなさい。

(1) ソビエト連邦（ソ連）崩壊後のロシアの人口はこれまで減少の一途をたどっていますが、2014年のみ、前年より約260万人「増加」したとされています。これは少子化対策が功を奏したのではなく、別の要因だと考えられています。それは何か、説明しなさい。

(2) 世界的な少子化の一因として、出産後に女性の所得が大きく減ってしまうことが挙げられます。右のグラフは、女性の所得が出産前後でどのように変化するのかを示したものですが、これから読み取れることや考えられることとして最もふさわしいものを、次のア〜エから1つ選び、記号で答えなさい。

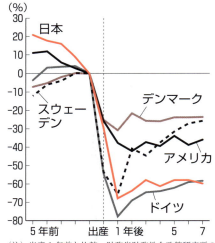

(注) 出産1年前と比較。財務省財務総合政策研究所の吉村典洋氏提供データから作成

ア 他の地域に比べて女性の活躍がめざましいとされる北ヨーロッパの国々の女性の所得は、出産7年後には出産前の水準に戻っている。

イ グラフ中のどの国も、出産1年前と比べて女性の所得水準が最も低くなった年は、出産1年後である。

ウ 各国の女性について、出産5年前の所得の金額を比べると、日本は、他のどの国よりも高いと考えられる。

エ 出産1年後からの所得水準の上昇が比較的大きい国々は、あまり上昇していない国に比べて、出産後の社会復帰がしやすいと考えられる。

予想問題　国際

2 2023年は、G7サミットの議長国を日本が務めた1年でした。これについての次の文章を読み、あとの問いに答えなさい。

　G7サミットは「主要国首脳会議」などと訳されますが、この会議が開催されるようになったそもそものきっかけは、中東のユダヤ人国家（　あ　）と、その周辺国との間で起こった第四次中東戦争に伴う、①第一次石油危機でした。世界的に経済が後退するなか、先進各国が協力して難題の解決に取り組む必要性が認識され、1975年に第1回サミットが②フランスのランブイエで開かれたのです。それ以降、サミットは原則として1年に一度、構成国の持ち回りで開催されています。今回のサミットでは本来の構成国の首脳だけではなく、③ヨーロッパ連合、8つの招待国、7つの国際機関の代表者らも集まり、さらにゲストとして、④ロシアの侵攻を受けているウクライナのゼレンスキー大統領も加わりました。世界の諸問題への認識をG7だけではなく、新興国などとも広く共有したいという背景があると考えられます。また、5月に広島市で開かれた首脳会合以外にも、⑤さまざまな専門的なテーマについて関係閣僚会合が日本各地で開かれています。

　近年のG7サミットの開催地は⑥大都市を避けるように選ばれることが多いため、2023年の開催地に広島市が選ばれたことは、やや異例だったといえるかもしれません。⑦岸田文雄首相は2022年、広島市をサミット開催地に選んだ理由について、「世界が、ウクライナ侵略、大量破壊A兵器の使用リスクの高まりという未曽有の危機に直面しているなか、来年のG7サミットでは、B武力侵略も核兵器による脅かしも国際C秩序の転覆の試みも断固として拒否するというG7の意思を、歴史に残る重みを持って示したい。唯一のD戦争被爆国である日本の総理大臣として、私は広島ほど平和へのコミットメント（関与）を示すのにふさわしい場所はないと考えている。核兵器のE惨禍を人類が二度と起こさないとの誓いを世界に示し、G7の首脳とともに平和のモニュメント（記念碑）の前で、平和と世界秩序と価値観を守るために結束していくことを確認したい」とし、広島での開催を決定するに至った背景を説明しました。ところが、2023年5月に入ってサミットの開催日が近づくと、サミット反対を訴える人々が会場となる場所付近に詰めかけ、デモや演説を行う姿が報道されました。また、⑧アメリカ大統領が広島平和記念資料館を視察した際にも多くの批判が寄せられました。サミットを評価する声がある一方で、不満を募らせた人々も大勢いたことは否定できないようです。

　発表された文書の1つ「核軍縮に関するG7首脳広島ビジョン」では、「広島及び（　い　）で目にすることができる核兵器使用の実相への理解を高め、持続させるために、世界中の他の指導者、若者及び人々が、広島及び（　い　）を訪問することを促す」などとされたものの、読売新聞が広島の被爆者60人、（　い　）の被爆者40人に行ったアンケートでは、「G7サミットで世界は核兵器廃絶に近づいたと思うか」との問いに対し、74人が「思わない」と回答しています。⑨被爆者の平均年齢は2023年3月末の時点で85.01歳となりました。現在は、核兵器の恐ろしさを伝える発信者が次世代へと移りつつある、その転換点といえます。どのようにすれば核兵器の廃絶に近づくことができるのかは、政治家任せにせず、私たち一人ひとりが考えなければならない問題だといえるでしょう。

問1　文章中の空らん（　あ　）に当てはまる国名と、（　い　）に当てはまる日本の地名をそれぞれ答えなさい。

問2 下線部①について、このできごとと同じ年にあったこととして最もふさわしいものを、次のア～エから1つ選び、記号で答えなさい。

ア 部分的核実験禁止条約が調印される。
イ 日中平和友好条約が調印される。
ウ 核拡散防止条約が調印される。
エ ベトナム戦争の和平協定が調印される。

問3 下線部②について、次の(1)・(2)の各問いに答えなさい。

(1) この国について説明した文としてふさわしいものを、次のア～エから**すべて**選び、記号で答えなさい。なお、ふさわしいものがない場合は**オ**と答えなさい。

ア 現在の国家元首は「国王」である。
イ 2024年には、この国の首都で初めての夏季オリンピックが開催される。
ウ G7構成国のうち、イタリアやスペインと国境を接している。
エ 2023年に環太平洋パートナーシップ協定(TPP)に加盟した。

(2) この国の発電量のエネルギー源別の割合(2019年)を示したグラフとして最もふさわしいものを、右のア～エから1つ選び、記号で答えなさい。

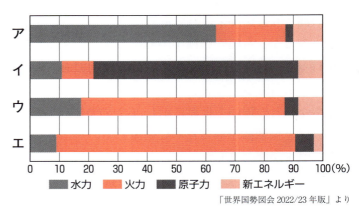

「世界国勢図会2022/23年版」より

問4 下線部③の組織は2023年で創設から30年を迎えました。これについて、次の(1)・(2)の各問いに答えなさい。

(1) この組織の創設の根拠となった、1993年に発効した条約の名称を、解答らんに合うように**カタカナ**で答えなさい。また、この組織の本部がある都市の名前を**カタカナ**で答えなさい。

(2) この組織と、他のさまざまな組織や国にかかわる数(2023年現在)を比べたものとしてふさわしいものを、次のア～エから**すべて**選び、記号で答えなさい。ただし、「＜」は、左より右の方が数が大きいことを表します。

ア この組織の加盟国数 ＜ 北大西洋条約機構(NATO)の加盟国数
イ この組織の加盟国の人口の合計 ＜ 東南アジア諸国連合(ASEAN)加盟国の人口の合計
ウ この組織の加盟国の国土面積の合計 ＜ インドの国土面積
エ この組織の加盟国の国民1人当たりの国内総生産(GDP) ＜ 中国の国民1人当たりのGDP

問5 下線部④について、2022年から続くロシアのウクライナ侵攻には、ワグネル・グループという民間軍事会社（PMC）が関与しています。このように、最近ではPMCが国と契約を結び、戦闘行為を請け負うことが多くなっていますが、各国がPMCに戦闘行為を委託する理由として考えられることを、次の資料を参考に説明しなさい。

【PMCの特徴】
・社員（戦闘員）は、戦争に関わる国の国籍を持つかどうかにかかわらず、世界各国から募集される。
・基本的に、どの国の政府とも契約を結ぶ。
・社員が戦闘によって死亡しても、PMCを雇った国の戦死者数には含まれない。

問6 下線部⑤について、この1つとして、2023年6月に「G7栃木県・日光男女共同参画・女性活躍担当大臣会合」が開催されました。この会合では日本の担当大臣だけが男性で、日本の政治の世界における女性の活躍はあまり進んでいないという印象を与えました。日本の政治における女性の活躍について述べた次のⅠ～Ⅲの文の正誤の組み合わせとして最もふさわしいものを、あとのア～クから1つ選び、記号で答えなさい。

Ⅰ これまで、国政における「三権の長」に女性が就任したことはない。
Ⅱ これまで、衆議院議員のうち女性の占める割合が5％を超えたことはない。
Ⅲ これまで、国務大臣のうち女性が過半数を占めた内閣は存在しない。

	ア	イ	ウ	エ	オ	カ	キ	ク
Ⅰ	○	○	○	○	×	×	×	×
Ⅱ	○	○	×	×	○	○	×	×
Ⅲ	○	×	○	×	○	×	○	×

問7 下線部⑥について、次の(1)・(2)の各問いに答えなさい。

(1) 日本で、これまで主要国首脳会議が開催されてきた場所を示した地図として最もふさわしいものを、次の**ア〜エ**から1つ選び、記号で答えなさい。

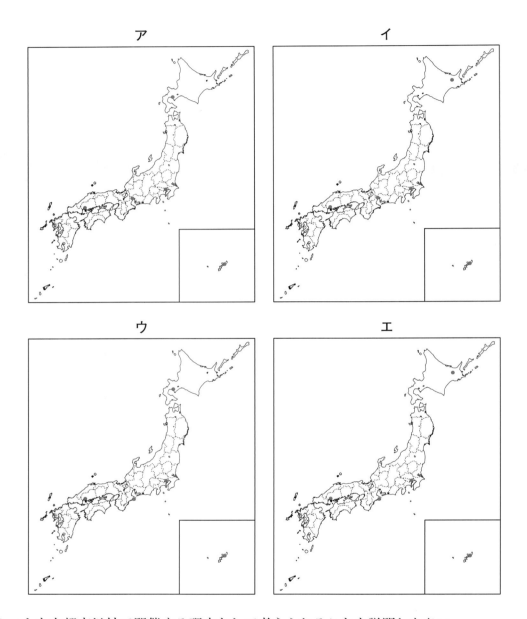

(2) サミットを大都市以外で開催する理由として考えられることを説明しなさい。

問8 下線部⑦について、2023年8月6日に広島で行われた平和記念式典の後、岸田首相は被爆者団体の代表から「核兵器禁止条約への参加を」と求められたことに対し、「核兵器禁止条約は核兵器のない世界をめざすにあたって重要な条約である。ただ、核兵器国が行動しないと何も変わらないという厳しい現実がある」と述べ、核保有国の中に同条約を締結している国が1つもないことを理由として、参加する考えがないことを示しました。このほかに日本政府が核兵器禁止条約に参加しない理由があるとすれば、それはどのようなことですか。説明しなさい。

問9 波線部A〜Eのうち、日本国憲法第9条に使われている語句を**すべて**選び、記号で答えなさい。

問10 下線部⑧について、次の(1)・(2)の各問いに答えなさい。

(1) 2023年9月現在のアメリカ大統領を、次のア〜エから1つ選び、記号で答えなさい。

　　ア　　　　　　イ　　　　　　ウ　　　　　　エ

(2) 右の写真は、アメリカ大統領が広島平和記念資料館に入る前後に撮影されたものです。写真の女性が持っている「黒いかばん」は、アメリカ大統領の行き先に必ず持っていかなければならないものとされていますが、これを持って資料館に入ったことについては批判が集まりました。この「黒いかばん」には、どのようなものが入っていると考えられるかに触れたうえで、批判された理由を説明しなさい。

問11 下線部⑨について、今後、戦争の記憶を風化させないために、みなさんも含む私たちの世代にできることがあるとすれば、それはどのようなことだと思いますか。考えて答えなさい。

予想問題　〇周年・その他

解答用紙と解説はサピックス小学部HPにあるよ！

解答は155〜156ページにあります。

1 次のⅠ〜Ⅳは、いずれも2023年に〇周年を迎えたできごとを説明した文章です。これらを読んで、あとの問いに答えなさい。

Ⅰ　150周年

・明治政府は、「グレゴリオ暦」とも呼ばれる太陽暦への改暦を行いました。これにより、①旧暦の明治5年の12月3日が、新暦の明治6年（1873年）1月1日となりました。改暦を主導したのは、当時の政府で参議を務め、のちの早稲田大学となる東京専門学校を創設するなどした（　あ　）で、「②役人の給料を節約するためだった」と回顧しています。また、政府は改暦について国民への説明を十分に行っていなかったため、（　い　）は改暦の必要性を説く『改暦弁』という本を慶應義塾から出版して、ベストセラーになりました。

・太政官の布達により、③東京府の浅草、上野、芝、深川、飛鳥山をはじめ、全国に「都市公園」が開園しました。現在、国内には地方公共団体や④国によって設置された、⑤さまざまな規模や種類の都市公園があり、私たちはその存在によって多くの恩恵を受けています。

・日本最初の近代的な⑥銀行である「第一国立銀行」（現在のみずほ銀行）が、日本橋で開業しました。のちに「日本資本主義の父」と呼ばれ、⑦新紙幣の肖像にも採用された（　う　）が設立した銀行です。今後、キャッシュレス化が進んでいくことで、銀行のあり方も変わっていくのかもしれません。

問1　文章中の（　あ　）〜（　う　）に当てはまる人物の名前を、それぞれ**漢字**で答えなさい。

問2　下線部①について、次の(1)・(2)の各問いに答えなさい。

(1)　このことなどが原因で、旧暦で行われていた年中行事は、新暦では季節のずれが生じます。そこで、旧暦の日付に1か月をプラスした新暦の日付で年中行事を行う方法（月遅れ）が考えられました。現在、8月に月遅れで行われていることの例を**2つ**挙げ、それぞれ日付に触れて簡単に説明しなさい。

(2)　改暦の一環として採用されたことは何ですか。右のイラストを参考にして簡単に説明しなさい。

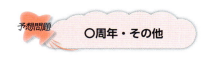

問3 下線部②について、改暦によって政府が役人に支払う給料を節約できたとは、具体的にどういうことですか。次の資料を参考にして説明しなさい。

・当時、役人は月ごとに給料を支給されていた。
・旧暦では、明治6年は閏月がある年にあたっていた。
・改暦により、旧暦の明治5年の12月は2日間のみとなった。

問4 下線部③の東京府は、1943年に東京都となりました。次のア～エについて、都道府県別に順位をつけた場合、現在の東京都が1位になるものはAと、47位になるものはBと答えなさい。

ア　都道府県別の合計特殊出生率
イ　都道府県別の地域別最低賃金
ウ　経済産業大臣指定の伝統的工芸品の数
エ　乗用車の100世帯当たり保有台数

問5 下線部④について、下のグラフは2023年度の一般会計歳出（当初予算）の内訳です。国が国営の都市公園などを整備する費用は、グラフ中のア～エのどれに含まれますか。正しいものを1つ選び、記号で答えなさい。

2023年度一般会計歳出の内訳

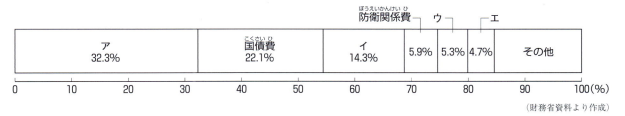

(財務省資料より作成)

問6 下線部⑤について、次の(1)・(2)の各問いに答えなさい。

(1) 次のア～オは、各地の都市公園に関するできごとです。時代の古い順に並べ替え、記号で答えなさい。

ア　大阪府吹田市で開催された日本万国博覧会の跡地に、万博記念公園が開園した。
イ　講和条約の内容に抗議して日比谷公園に集結した民衆が、警官隊と衝突した。
ウ　東京オリンピック第2会場の跡地に、駒沢オリンピック記念公園が開園した。
エ　札幌市の大通公園のほとんどが芋畑に姿を変え、園内の銅像も供出された。
オ　原爆投下の4年後に施行された広島平和記念都市建設法により、平和記念公園が開園した。

(2) 次のグラフは、都市公園における遊戯施設等の設置状況を示したもので、1998年を100としたときの2019年の設置数です。このうち、「複合遊具（鋼製及び複数素材）」と「健康器具系施設」の設置数が増えた理由として考えられることを、写真も参考にしてそれぞれ説明しなさい。

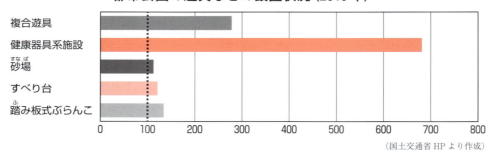

複合遊具の例

健康器具の例
（背伸ばしベンチ）

健康器具の例
（足つぼロード）

問7 下線部⑥について、次の(1)・(2)の各問いに答えなさい。

(1) 右の地図記号は銀行を示すもので、現在でも１万分の１の地形図で使われています。銀行の地図記号について説明した次の文の（　ア　）には**漢字１字**、（　イ　）・（　ウ　）には**漢字２字**で、それぞれ当てはまる語句を書きなさい。なお、２つずつある（　ア　）・（　ウ　）には、同じ語句が当てはまります。

> 江戸時代は３種類の貨幣が流通していましたが、特に「丁（　ア　）」や「豆板（　ア　）」は、重さを量って使う貨幣だったため、当時の金融業者である（　イ　）商にとって、貨幣同士の交換にはてんびんと（　ウ　）が欠かせない道具でした。銀行の地図記号は、この（　ウ　）の形が由来となっているのです。

(2) 現在の銀行に関する説明としてふさわしくないものを、次のア〜オから2つ選び、記号で答えなさい。

ア　銀行が貸し出す場合の利息は、一般的には銀行に預ける場合の利息よりも高い。
イ　現金自動預け払い機（ATM）を利用する場合、必ず手数料が発生する。
ウ　国が財源の一部をまかなうために発行する国債は、個人でも銀行で購入できる。
エ　実店舗を持たず、インターネット上での取り引きを専門にしている銀行がある。
オ　財務省の外局である金融庁は、銀行を監督する立場にある。

問8　下線部⑦について、次の(1)・(2)の各問いに答えなさい。

(1) 新紙幣には、「目の不自由な人」や「訪日外国人」にも判別しやすい工夫も施されています。次の写真を見て、そのような工夫を1つずつ挙げ、それぞれ簡単に説明しなさい。

（国立印刷局ホームページ https://www.npb.go.jp/ja/n_banknote/index.html より）

(2) 次のア〜カは、新紙幣の【裏面デザインの図柄】と【肖像の人物の生没年】を示しています。このうち、新しい五千円札に当たるものを1つずつ選び、それぞれ記号で答えなさい。

【裏面デザインの図柄】

　　ア　　　　　　　　　イ　　　　　　　　　ウ

【肖像の人物の生没年】　　エ　1864〜1929年　　オ　1853〜1931年　　カ　1840〜1931年

Ⅱ　100周年

⑧1923年9月1日午前11時58分、相模湾を震源とするマグニチュード7.9の地震が発生しました。死者・行方不明者が10万人を超えたこの地震による災害は、「関東大震災」と呼ばれています。関東大震災は強い揺れと大規模な火災で知られていますが、津波、山崩れ、地盤の液状化なども発生した広域複合災害でした。一方、当時の日本国内には、植民地政策の影響により多くの朝鮮人の出稼ぎ労働者がいましたが、⑨混乱の中で「朝鮮人が暴動を起こしている」といったデマが流れ、軍や警察、自警団によって多くの朝鮮人などが殺傷される事件も発生しました。

震災後、当初の予算の規模は縮小されたものの、⑩復興計画によって東京のまちは近代都市としての改造が進みました。

問9　下線部⑧について、この年を**元号**と**算用数字**を使って答えなさい。

問10　下線部⑨について、次の(1)・(2)の各問いに答えなさい。

(1)　日本国内では1919年ごろから「不逞鮮人」(不平をいだく、けしからぬ朝鮮人)という蔑称が使われ始め、朝鮮の人々に対する警戒感やおそれが震災時のデマにつながったとされています。1919年に朝鮮で起こったできごとは何ですか。

(2)　自警団とは、民間人が自衛のために組織した集団です。参加した人々には「群集心理」の影響があったとみられています。次の説明を参考にして、群集心理が引き起こすと考えられる現代の問題を1つ挙げ、説明しなさい。

> 群集心理とは？
> 　群集の中にいると発生する特殊な心理状態で、大勢の中の一人になることにより、責任感が薄れる、暗示にかかりやすくなる、感情的になる、自分たちが強くなったような気になる、といった特徴がみられる。

問11　下線部⑩について、次の(1)・(2)の各問いに答えなさい。

(1)　復興計画の指揮をとったのは、震災の翌日に発足した内閣で内務大臣と帝都復興院総裁を兼任した右の写真の人物です。この人物の名前を**漢字**で答えなさい。

(2) 地震当日の火災が大規模になった背景と、復興事業の内容を、本文と【資料1〜3】を参考にして説明しなさい。なお、復興事業の内容はそのねらいに触れること。

【資料1】震災当日の気象

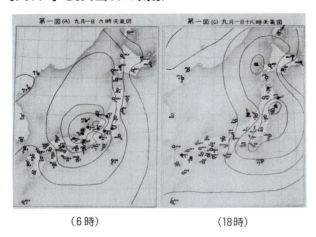

（6時）　　　（18時）

9月1日6時に金沢の西の海上にあった台風は、18時ごろ三陸海岸付近に達した。

(国立国会図書館ウェブサイト https://dl.ndl.go.jp/pid/984965 より)

【資料2】震災での焼失地域

※区名とその境界は現在のもの

【資料3】震災後に建設された道路（現在の中央区江戸橋付近）

(昭和5年東京市発行「復興」アルバムより)

Ⅲ　50周年

戦後、ドルは金を価値の基準としてきました。アメリカは、発行した紙幣と同額の金を保有することで、ドルと金の相場を固定し、⑪各国の通貨とドルの相場も固定したのです。各国は、要求すればいつでもドルと金を交換することができたので、ドルを使って安定した取引を行うことができました。

しかし、貿易の代金やベトナム戦争の戦費として多額のドルを支払ったアメリカの財政が悪化すると、ドルを金に交換する動きが強まり、アメリカの保有する金が不足するようになりました。そのため、1971年にアメリカのニクソン大統領は、（　⑫　）を宣言します。これは「ニクソン・ショック」と呼ばれ、世界に衝撃を与えました。各国はドルの価値を決め直すことになり、変動相場制に移行する動きが進みました。⑬日本も、そうした動きに合わせて1973年2月に変動相場制に移行しました。

米ドル／日本円　為替レートの推移

（「日本国勢図会2023／24年版」より作成）

問12　下線部⑪について、日本の場合、1ドルはいくらに設定されていましたか。文章中のグラフの空らん（　　）に当てはまる**算用数字**を書きなさい。

問13　文章中の（　⑫　）に当てはまる内容を考えて書きなさい。

問14　下線部⑬について、変動相場制への移行によって、「円は商品になった」と考えることもできます。その理由を、簡単に説明しなさい。

Ⅳ　30周年

サッカーは、世界で最も人気があるスポーツといえるでしょう。⑭日本人にサッカーが紹介されたのは、1873年といわれています。しかし、戦後の長い間、日本のサッカー人気は、プロ野球の人気に押されぎみでした。

1993年、「Jリーグ」と呼ばれる日本プロサッカーリーグが、10チームで発足します。当時は社会現象になるほどのブームが起こりました。現在は、⑮J1を頂点として、J2（2部リーグ）、J3（3部リーグ）にいたるまで、41都道府県に60ものクラブがあります。Jリーグは、日本サッカーのレベル向上に貢献しているほか、⑯ホームタウン（チームの本拠地）の地域社会と一体となったクラブづくりをめざしています。

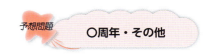

問15 下線部⑭について、これよりもはるか昔に、日本には中国から次のような球戯が伝わったとされています。その球戯の名前を**ひらがな3字**で答えなさい。

> 飛鳥の法興寺でこの球戯の会が催されたとき、蹴った勢いで脱げてしまった中大兄皇子の沓を中臣鎌足が拾って差し出したことがきっかけとなり、二人の親交が深まったといわれています。

問16 下線部⑮について、次の表はJ1の順位表を示しています。これを見て、あとの**ア・イ**に当てはまるチームを、表中の順位の番号で**すべて**答えなさい。

①	横浜F・マリノス	⑩	FC東京
②	ヴィッセル神戸	⑪	ガンバ大阪
③	名古屋グランパス	⑫	サガン鳥栖
④	浦和レッズ	⑬	北海道コンサドーレ札幌
⑤	鹿島アントラーズ	⑭	京都サンガFC
⑥	セレッソ大阪	⑮	アルビレックス新潟
⑦	サンフレッチェ広島	⑯	横浜FC
⑧	アビスパ福岡	⑰	柏レイソル
⑨	川崎フロンターレ	⑱	湘南ベルマーレ

（順位は2023年第25節終了時点のもの）

ア 政令指定都市がない都道府県に属するチーム
イ 新幹線が通らない都道府県に属するチーム

問17 下線部⑯について、次の表を見て、あとの(1)・(2)の各問いに答えなさい。

ホームスタジアム（チームの本拠地となるサッカー場）の名称の一部

命名権の売却前		命名権の売却後
東京スタジアム		味の素スタジアム
横浜国際総合競技場	➡	日産スタジアム
市立吹田サッカースタジアム		パナソニックスタジアム吹田
広島広域公園陸上競技場		エディオンスタジアム広島

(1) スタジアムの名称が変更されたのは、所有者である地方自治体などが「命名権」（ネーミングライツ）を期限つきで企業に売却したためです。命名権を取得した企業は、スタジアムの名称を変えることができます。このことによる、所有者と企業にとってのメリットをそれぞれ説明しなさい。

(2) スタジアムの名称が変わることによるデメリットを説明しなさい。

❷ 2023年2月28日、国土地理院は日本全国の島の数を数え直した結果、従来の6852から1万4125になったことを発表しました。これについて、あとの問いに答えなさい。

問1 島の数の数え方を次のようにまとめました。Xに当たる内容を簡単に書きなさい。

従来

　人が手書きで「海図」を作成する　⇒　島の数を数える

現在

　（　　**X**　　）　⇒　コンピューターに取り込み、データを編集して地図を作成する
　⇒　島の数を数える

問2 次の表は、島の数が1位から10位までの都道府県を、1987年と2023年とで比べたものです。これを見ると、片方の年にしか登場しない県が2つあります。その2つの県が、収穫量または生産量でともに全国3位（2020年）以内に入る養殖水産物は何ですか。あとのア～オから1つ選び、記号で答えなさい。

	1987年公表	数		2023年公表	数
1	長崎県	971	1	長崎県	1479
2	鹿児島県	605	2	北海道	1473
3	北海道	508	3	鹿児島県	1256
4	島根県	369	4	岩手県	861
5	沖縄県	363	5	沖縄県	691
6	東京都	330	6	宮城県	666
7	宮城県	311	7	和歌山県	655
8	岩手県	286	8	東京都	635
9	愛媛県	270	9	島根県	600
10	和歌山県	253	10	三重県	540

※ 1987年は海上保安庁の公表　　　　　　　　（理科年表・国土地理院資料より作成）

ア　のり類　　　イ　わかめ類　　　ウ　真珠　　　エ　ぶり類　　　オ　かき類

問3 日本の島のなかには、外国において別の名前がつけられているものがあります。次のア～ウは、どこの国での呼び方ですか。それぞれの国を正式名称で答えなさい。

	外国での呼び方	島の位置
ア	トクト	北緯37度14分　東経131度52分
イ	イトゥルップ	北緯45度33分　東経148度45分
ウ	ディアオユーダオ	北緯25度44分　東経123度28分

問4 右の写真は、鹿児島県指宿市の無人島・知林ヶ島です。この島について、地元の観光協会では、次のような情報を公開しています。このことから、知林ヶ島はどのようなことが可能な島だと考えられますか。

日	曜	潮名	日中干潮時刻	潮位(cm)	出現予測時刻	渡島適否
7	金	中潮	16：14	19	12：30～日没	◎
8	土	中潮	16：59	44	13：25～日没	◎
9	日	小潮	17：46	74	14：25～日没	◎
10	月	小潮	6：39	101	日の出～ 9：25	◎
11	火	小潮	7：48	95	日の出～11：15	◎
12	水	長潮	9：00	85	5：25～12：55	◎
13	木	若潮	10：05	73	6：10～14：05	◎
14	金	中潮	11：00	60	7：00～14：55	◎
15	土	中潮	11：48	49	7：45～15：40	◎
16	日	大潮	12：30	39	8：30～16：15	◎
17	月	大潮	13：08	32	9：15～16：50	◎
18	火	大潮	13：44	29	10：00～17：20	◎

（いぶすき観光ネットより作成）

問5 日本の島の中で、あなたが最も重要だと思う島を1つ挙げるとすれば、それはどこですか。島の名前を答えなさい。また、その島を挙げた理由を具体的に説明しなさい。ただし、四大島と沖縄島は除きます。

理科

解答は156〜157ページにあります。

1 次のA〜Eの文は、2023年の6月から9月までに起きた、おもな気象に関するできごとについて述べたものです。これを読んで、あとの問いに答えなさい。

A　国連の世界気象機関の発表を受けて、国連事務総長が「地球温暖化の時代は終わり、地球☐化の時代が到来した」と語った。

B　2023年に初めて上陸した台風は近畿地方を縦断した。この台風の影響で、新幹線が3日連続で運休したりダイヤが乱れたりした。

C　日本の南海上に接近した大型の台風の影響で梅雨前線の活動が活発になり、6県の合計11地点に対して「顕著な大雨に関する気象情報」が発表された。

D　梅雨の後半には九州・四国・北陸などで大雨が続き、これまでに経験したことがない大雨が降り続いた福岡県と大分県に対して、警戒レベル5に相当する「最大級の警戒」が呼びかけられた。

E　東京都心では連続の真夏日が64日目を記録し、2004年の40日連続という記録を大幅に更新した。

問1 A〜Eのできごとを、起きた順に並べ替えなさい。

問2 2023年も日本各地で大雨による被害が発生しました。大雨をもたらす原因の1つとして、台風のときなどに発達する積乱雲があります。これについて、次の(1)〜(3)の各問いに答えなさい。

(1) 下の文章は、暖かく湿った空気が積乱雲を発達させるしくみについて説明したものです。文章中の空らん ① 〜 ④ に当てはまる語句をあとのア〜カからそれぞれ1つ選び、記号で答えなさい。

> 周囲と比べて暖かい空気は密度が ① いため、 ② 気流となる。 ② した空気が冷やされると飽和水蒸気量が ③ なるため露点に達し、含まれていた水蒸気が水滴となる。水蒸気の多い湿った空気は、熱エネルギーを ④ 持っているため、積乱雲が発達しやすくなる。

ア　大き　　イ　小さ　　ウ　上昇　　エ　下降　　オ　多く　　カ　少なく

(2) 短時間に局地的な大雨を降らせる積乱雲は「大気の状態が不安定」なときに発達しやすくなります。

① 「大気の状態が不安定」とはどのような状態ですか。正しいものを次のア〜エから1つ選び、記号で答えなさい。

ア　地表付近にも上空にも暖かく湿った空気がある状態。
イ　地表付近には暖かく湿った空気があり、上空には冷たい空気がある状態。
ウ　地表付近には冷たい空気があり、上空には暖かく湿った空気がある状態。
エ　地表付近にも上空にも冷たい空気がある状態。

② 「大気の状態が不安定」なときに積乱雲が発達しやすくなる理由を、**50字以内**で説明しなさい。

(3) 数年に一度程度しか発生しないような短時間の大雨を観測したり解析したりしたときに、大雨を観測した観測点名や市町村などを明記して、各地の気象台が発表する情報を何といいますか。**漢字10字**で答えなさい。

128

問3　Aの文中の空らん□□□に当てはまる語句を答えなさい。

問4　Cの気象情報が発表される基準は、前3時間の積算雨量が100mm以上で500km²以上の①細長い雨域が発生し、②災害発生の危険度分布が警報基準を大きく超過する場合などです。

(1)　下線部①の雨域を何といいますか。**漢字5字**で答えなさい。

(2)　下線部②の危険度分布を何といいますか。**カタカナ**で答えなさい。

問5　Dの文中で、気象庁が福岡・大分の2県に発令した下線部の「最大級の警戒」を何といいますか。**漢字6字**で答えなさい。

問6　Eのような気温の高い日に「暑さ指数（WBGT）」を基準として出されることの多い、危険な暑さへの注意を呼びかけて予防行動を促す情報を何といいますか。

問7　右の図は月別の台風の典型的な進路です。Eの連続の真夏日が64日目となった月の進路を表しているものを図中のア〜オから1つ選び、記号で答えなさい。

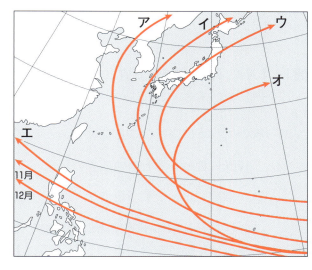

問8　右の図は、ある台風の進路予想図です。これについて、次の(1)〜(4)の各問いに答えなさい。

(1)　図のXとYについて説明した下の文章中の空らん ① 〜 ④ に当てはまる語句や数値をそれぞれ答えなさい。

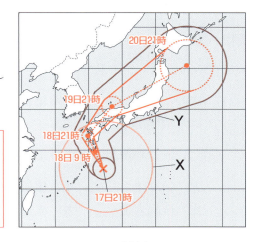

　円Xは ① 域で、秒速 ② m以上の風が吹いている範囲を示している。また、Yの領域は ③ 域といい、今後台風が予報円で示された進路を進んだときに秒速 ④ m以上の風が吹くおそれのある範囲を示している。

(2)　一般に、台風の進行方向の右側では風が強くなる傾向があります。その理由を簡単に説明しなさい。

(3)　台風が日本に上陸すると、勢力が一時的におとろえると考えられます。台風が上陸すると勢力がおとろえる理由を簡単に説明しなさい。

(4)　台風は被害をもたらすだけでなく、私たちの生活に役立つこともあります。どのような点で役立つことがあるのかを簡単に説明しなさい。

2 2023年の太陽系の天体に関することがらについて、あとの問いに答えなさい。ただし、図の大きさや距離の関係などは正確ではありません。

Ⅰ 地球から天体を観測していると、手前にある天体が後方にある天体を隠してしまう現象が起こることがあります。また、ある天体がつくる影の部分に、別の天体が入ることがあります。このような現象を「食」といいます。

【図1】

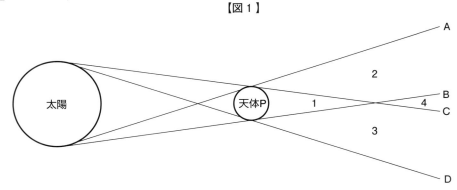

問1 4月には、金環皆既日食という現象がありました。この現象を【図1】で説明するとき、天体Pは月を表しています。これについて、次の(1)・(2)の各問いに答えなさい。

(1) 次の①・②に当てはまる位置をあとの**ア～エ**から**すべて**選び、記号で答えなさい。

① 皆既日食となるときの地表の位置　　　② 金環日食となるときの地表の位置

ア 領域1　　イ 領域2　　ウ 領域3　　エ 領域4

(2) この日食を日本の小笠原諸島で観察したところ、14時40分ごろに食が最大となったとき、太陽の左下が欠けている部分日食でした。【図1】の上が地球の北極側であるとき、小笠原諸島の位置を(1)の**ア～エ**から1つ選び、記号で答えなさい。

問2 10月には、部分月食という現象がありました。この現象を【図1】で説明するとき、天体Pは地球を表しています。これについて、次の(1)・(2)の各問いに答えなさい。

(1) 次の①・②に当てはまる位置をあとの**ア～ク**から**すべて**選び、記号で答えなさい。ただし、**ア～エ**は月全体がその領域に入っていることを指すものとします。

① 皆既月食が起こっているときの月の位置　　　② 部分月食が起こっているときの月の位置

ア 領域1　　イ 領域2　　ウ 領域3　　エ 領域4
オ 直線A上　　カ 直線B上　　キ 直線C上　　ク 直線D上

(2) 部分月食が起こっているときに欠けている月面上から地球の方向を見ると、地球や太陽がどのように見えるか説明しなさい。

問3 いろいろな日食や月食を観察した記録のうち、月食に関して可能性のあるものを次のア～オからすべて選び、記号で答えなさい。
　ア　欠け始めは西側から欠けていった。
　イ　欠けている部分の輪郭が少しぼやけていた。
　ウ　欠けた状態のまま地平線の下へ沈んでいった。
　エ　完全に欠けたときには、周囲が白く輝いて見える。
　オ　完全に欠けたとき、欠けている部分が赤銅色に見える。

問4　太陽・地球・月が一直線上に並ぶ新月や満月の日に、毎回必ず日食や月食が起こるわけではありません。その理由として正しいものを次のア～エから1つ選び、記号で答えなさい。
　ア　月の公転周期と満ち欠けの周期が異なっているから。
　イ　月の公転面と地球の公転面には傾きがあるから。
　ウ　月の公転軌道より地球の公転軌道の方が円に近いから。
　エ　地球が地軸を傾けたまま公転しているから。

Ⅱ　2023年にも、太陽系のさまざまな天体に関する話題がありました。

問5　新たな衛星の発見により、2023年5月に衛星数が初めて100個を超えて太陽系で最多となった惑星の名前を答えなさい。

問6　2023年9月には、アメリカ航空宇宙局（NASA）の小惑星探査機が回収カプセルを地球に届けました。これについて、次の(1)～(3)の各問いに答えなさい。

(1)　NASAの小惑星探査機の名前を次のア～エから1つ選び、記号で答えなさい。
　ア　ひまわり　　イ　はやぶさ2　　ウ　OSIRIS-REx　　エ　HTV-9

(2)　NASAの小惑星探査機が探査した小惑星の名前を次のア～エから1つ選び、記号で答えなさい。
　ア　ケレス　　イ　ベンヌ　　ウ　ベスタ　　エ　リュウグウ

(3)　回収カプセルの中身は、小惑星で採取したサンプルです。このサンプルに当てはまるものを次のア～エから1つ選び、記号で答えなさい。
　ア　活動している生物　　イ　表面の砂　　ウ　地中の氷　　エ　酸素を含む大気

問7　2023年9月現在、太陽系の惑星で世界各国の探査機が活動しています。これについて、次の(1)・(2)の各問いに答えなさい。

(1)　日本の人工衛星または探査機をその惑星の周回軌道に投入することに成功している、太陽系の惑星の名前をすべて答えなさい。

(2) 2025年に軌道投入され、日本とヨーロッパ諸国が共同で探査を行う予定の①惑星の名前と、②日本の探査機の名前（**ひらがな**）をそれぞれ答えなさい。

問8　2023年10月に部分月食が起こったとき、月の近くにはある惑星が見えていました。これについて、次の(1)・(2)の各問いに答えなさい。

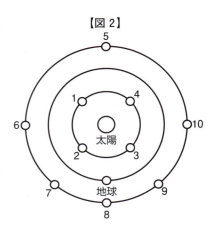

(1)　この惑星の名前を答えなさい。

(2)　部分月食が起こった日の惑星の位置としてふさわしいものを【図2】の1〜10から1つ選び、数字で答えなさい。ただし、図は地球の北極側から見たものです。

3　2023年には、5月に日本国内で震度5弱以上の揺れが6回観測されました。また、日本国内だけでなく世界各地でも強い地震が発生しました。特に、地中海沿岸のトルコとモロッコで起こった地震は甚大な被害をもたらしました。次の文章は地震について説明したものです。これを読んで、あとの問いに答えなさい。

> 　地震発生の際、報道機関から地震の発生時刻、震源、マグニチュードと震度などが伝えられます。マグニチュードは地震の　①　を表し、震度は地震の　②　を表します。そのため、一度の地震の揺れに対して、　③　は1つの値のみが伝えられるのに対し、　④　は地点ごとに0〜　⑤　までの　⑥　震度階級の中からいずれかの階級が伝えられます。地震が発生する場所は、A 2つの　⑦　の境界である海溝やトラフで起こる地震、B 内陸部で起こる震源の浅い地震、C 火山周辺で起こる地震の3つに大きく分けることができ、それぞれ発生するしくみが異なります。

問1　文章中の空らん　①　〜　④　に当てはまる語句を次のア〜カからそれぞれ1つ選び、記号で答えなさい。

　　ア　マグニチュード　　イ　震度　　ウ　揺れの大きさ　　エ　ゆがみの大きさ
　　オ　規模　　カ　深さ

問2　文章中の空らん　⑤　・　⑥　に当てはまる数をそれぞれ答えなさい。

問3　次の(1)〜(3)の特徴を持つ地震を文中のA〜Cからそれぞれ1つ選び、記号で答えなさい。
(1)　小さな揺れが1日に数十回も発生することがある。

(2)　揺れの範囲が広く、大規模な津波が発生する可能性がある。

(3)　揺れの範囲はせまいが、震源によっては大きな被害が出る可能性がある。

問4 次の【図1】〜【図3】は、おもな地震の発生のしくみを説明したものです。

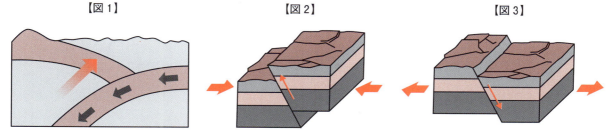

(1) 文中の空らん ⑦ に当てはまる語句を**カタカナ**で答えなさい。

(2) 2011年に発生した東北地方太平洋沖地震（東日本大震災）のしくみとして当てはまるものは【図1】〜【図3】のどれですか。**番号**で答えなさい。

(3) 過去にずれた形跡があり、今後もずれが生じる可能性がある地層のずれを何といいますか。**漢字**で答えなさい。

地震では、おもに2種類の異なる波が伝わり、異なる揺れを引き起こします。【図4】は、ある地震での震源からの距離と、震源から40kmの地点と64kmの地点で、それぞれ2種類の波XとYによる揺れが観測された時刻を表したものです。【図4】について、次の問いに答えなさい。

問5 波Yの名称と引き起こす揺れの種類の名称の組み合わせとして正しいものを次のア〜エから1つ選び、記号で答えなさい。

	波の名称	揺れの名称
ア	P波	主要動
イ	S波	初期微動
ウ	S波	主要動
エ	P波	初期微動

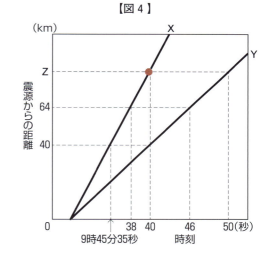

問6 波Xと波Yの伝わる速さをそれぞれ答えなさい。

問7 この地震の発生時刻を求めなさい。

問8 ある地点で、波Xを観測してから波Yを観測するまでの時間を何といいますか。**漢字**で答えなさい。

問9 【図4】のZに当てはまる値を答えなさい。

問10 いくつかの地点で観測した波Xや波Yが一定以上の大きさの場合は、気象庁からある速報が発信されます。この速報の名称を答えなさい。

問11 Bのような地震が起こった場合、問10の速報が有効に機能しない場合があります。その理由を簡単に答えなさい。

2023年に日本各地で起こったおもなできごと
時事ニュース マップ

日本編

※ 2022 年のできごとや 2024 年以降の予定も含みます。

2017 年の九州北部豪雨で被災した JR 日田彦山線の一部区間が BRT として再開（8 月）

G7 サミット初日の「ワーキングディナー」は、厳島神社のある宮島の旅館で（5 月）

広島市でG7 サミットが開催（5 月）

兵庫県兵庫美方地域の「伝統的但馬牛飼育システム」が世界農業遺産に認定（7 月）

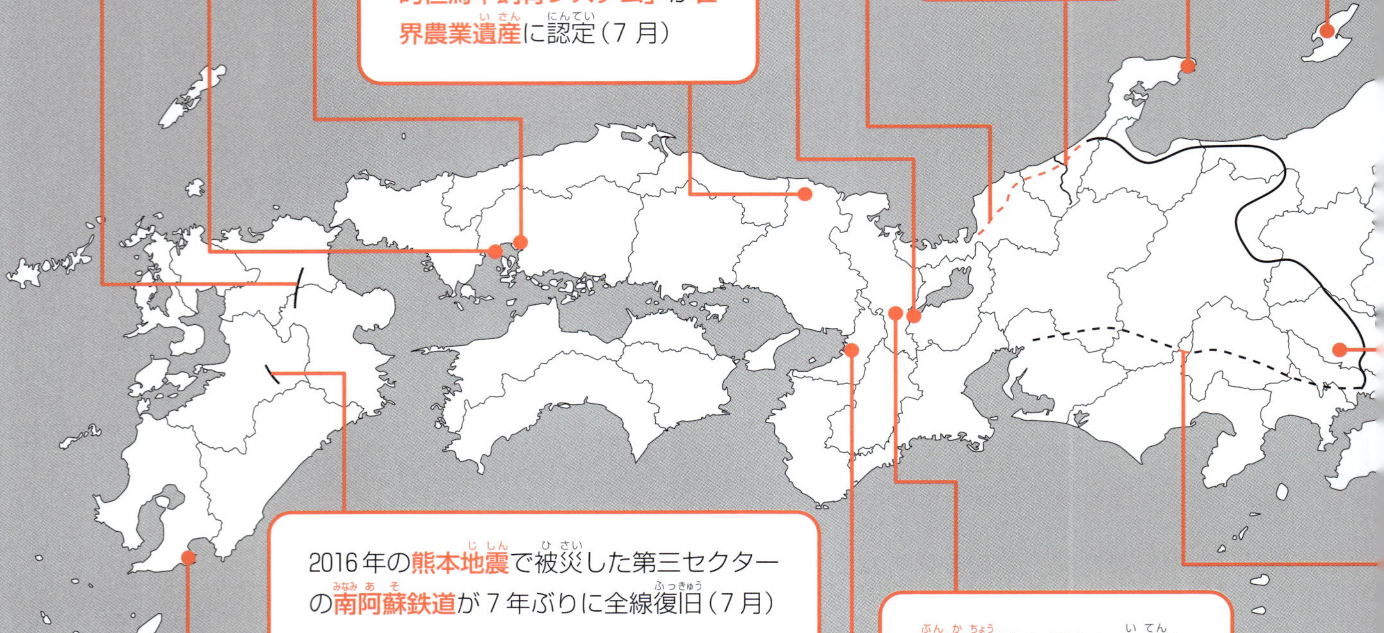

大津市の園城寺（三井寺）などが所蔵する「円珍関係文書」が「世界の記憶」に登録（5 月）

2024 年 3 月、北陸新幹線が金沢から敦賀まで延伸される予定

石川県白山市の「白山手取川」が世界ジオパークに認定（5 月）

2016 年の熊本地震で被災した第三セクターの南阿蘇鉄道が 7 年ぶりに全線復旧（7 月）

内之浦宇宙空間観測所から、イプシロンロケット 6 号機の打ち上げに失敗（2022 年 10 月）

種子島宇宙センターから、H-ⅡA ロケットで小型の月探査機「SLIM」を打ち上げ（9 月）

文化庁が京都市に移転し業務開始（3 月）

大阪市の夢洲では 2025 年に万国博覧会を開催予定。統一地方選挙では、府知事選挙、市長選挙とも大阪維新の会の候補者が勝利（4 月）

134

ニュースマップ

石川県珠洲市で震度6強の地震（5月）

「佐渡島（さど）の金山」の世界文化遺産への推薦書をユネスコに再提出（1月）

札幌市長選挙で、冬季オリンピック・パラリンピック招致賛成の現職が勝利（4月）

廃炉作業中の福島第一原子力発電所で、トリチウムを含む処理水を海洋放出（8月～）

JR宇都宮駅と芳賀町の工業団地とを結ぶLRT「宇都宮ライトレール」が開業（8月）

埼玉県武蔵野地域（川越市、所沢市など）の「武蔵野の落ち葉堆肥農法」が世界農業遺産に認定（7月）

大井川の水問題で、リニア中央新幹線の静岡県内区間の工事はいまだに着手できず。2027年の開業予定は遅れる見込み

2019年に焼失した首里城正殿の再建工事に着手（2022年11月）

135

2023年に世界各地で起こったおもなできごと
時事ニュース マップ

世界編

※ 2022 年のできごとや 2024 年以降の予定も含みます。

ロシアが同盟国のベラルーシに戦術核兵器を配備

ロシアに侵攻されたウクライナは抵抗を続ける。ゼレンスキー大統領がG7広島サミットに出席（5 月）

フィンランドが NATO に加盟（4 月）

スウェーデンが NATO に加盟へ

イギリスが TPP に加盟（7 月）

モロッコで大地震、死者は約 3000 人。世界遺産のマラケシュ旧市街にも被害（9 月）

リビア東部で洪水、死者、行方不明者は 1 万人以上（9 月）

トルコ南東部で大地震（2 月）。大統領選挙でエルドアン氏が再選（5 月）

スーダンで国軍と準軍事組織が戦闘、邦人救出のためジブチに自衛隊機を派遣（4 月）

インドの人口が中国を抜いて世界一に。2023 年の G20 サミットはインドで開催（9 月）

ミャンマーでは軍事政権が反体制派の村を空爆するなど弾圧が続く

トルコ大地震で、内戦が継続中のシリアでも被害（2 月）

2023 年の気候変動枠組み条約第 28 回締約国会議（COP28）は、アラブ首長国連邦のドバイで開催予定（11〜12 月）

136

ニュースカレンダー 2020-2021-2022

2020年（令和2年）のおもなニュース

- イギリスがEUから離脱（1月31日）
- 安倍晋三首相の要請（2月）により、全国の学校が休校に（3月）
- 東京オリンピック・パラリンピックの1年延期が決定（3月）
- 中国の特別行政区として「一国二制度」が適用されている香港で、香港国家安全維持法が施行（6月）
- レジ袋の有料化が始まる（7月）
- 静岡県浜松市で国内での観測史上最高タイの41.1℃を記録（8月）
- 菅義偉氏が内閣総理大臣に（9月）
- 菅首相が国会で「2050年までに温室効果ガスの排出量を実質ゼロにする」と表明（10月）
- 大阪都構想の是非を問う大阪市民による住民投票が行われ、わずかな差で否決（11月）
- アメリカ大統領選挙の一般国民による投票（11月）

2021年（令和3年）のおもなニュース

- アメリカで民主党のバイデン大統領が就任（1月20日）
- 核兵器禁止条約が発効（1月22日）
- ミャンマーで国軍がクーデター、アウンサンスーチー国家顧問らを拘束（2月1日）
- 災害時に市区町村が出す「避難勧告」を廃止し「避難指示」に一本化（5月）
- 東京で夏季オリンピックが開催（7〜8月）
- 「タリバン」がアフガニスタンの首都カブールを制圧（8月）
- 東京で夏季パラリンピックが開催（8〜9月）
- デジタル庁が発足（9月1日）
- 自由民主党総裁選挙で、岸田文雄氏を新総裁に選出（9月29日）
- 臨時国会で岸田文雄氏を第100代内閣総理大臣に指名（10月4日）
- 衆議院が解散（10月14日）
- 衆議院議員総選挙で与党の自由民主党が勝利（10月31日）

2022年（令和4年）のおもなニュース

- 北京で冬季オリンピック（2月）と冬季パラリンピック（3月）が開催
- ロシアがウクライナに侵攻（2月24日）
- 韓国で尹錫悦氏が大統領に当選（3月）して就任（5月）
- 宮城県・福島県で最大震度6強の地震、東北新幹線が脱線（3月）
- 東京電力管内に電力需給ひっ迫警報（3月）や注意報が発令（6月）
- 成年年齢が18歳に。プラスチック資源循環促進法が施行（4月1日）
- 群馬県で6月に40℃以上の気温を観測。東京都心で9日連続の猛暑日（6〜7月）
- 参議院議員通常選挙で与党の自由民主党が勝利（7月）
- 旧ソビエト連邦のゴルバチョフ元大統領（8月）と、イギリス女王のエリザベス2世（9月）が死去
- 西九州新幹線が武雄温泉―長崎間で部分開業（9月23日）
- 安倍晋三元首相の国葬（9月）
- イギリスでリズ・トラス首相が就任したが1か月半で辞任し、リシ・スナク首相が就任（10月）。イタリアでジョルジャ・メローニ首相が就任（10月）
- 円安が進み、一時は1ドル＝150円台に（10月）

ニュースカレンダー

2022.11〜

2022

	国内ニュース	国際ニュース	理科ニュース
11月	**3日** **首里城正殿**の再建工事に着手 **30日** 国内各地の盆踊りや念仏踊りなど「**風流踊**」がユネスコの**無形文化遺産**に登録されることが決定	**6日〜20日** エジプトのシャルム・エル・シェイクで**COP27** **15日** 世界人口が**80億人**に達したとされる **20日〜12月18日** **カタール**でサッカーワールドカップ	**8日** **皆既月食**・天王星食 **30日** **対話型生成AI**「ChatGPT」を公開
12月	**8日** 岸田文雄首相が**防衛費**増額のための**増税**を検討すると表明 **16日** 「**反撃能力**」保有を明記した安全保障関連3文書を閣議決定 **16日** **北海道・三陸沖後発地震注意情報**が運用開始	**20日** **アフガニスタン**のタリバンが女子の大学教育停止を命じる	

2023

	国内ニュース	国際ニュース	理科ニュース
1月	**4日** 岸田首相が「**異次元の少子化対策**」を表明	**1日** EU加盟国のクロアチアで「**ユーロ**」導入 **1日** 日本が**国連安全保障理事会**の非常任理事国に(12回目) **17日** 中国が2022年末現在の人口(香港・マカオを除く)を14億1175万人と発表。前年より85万人減少	**20日・2月2日** **国際宇宙ステーション(ISS)**滞在中の若田光一宇宙飛行士が船外活動
2月	**1日** **長周期地震動**も緊急地震速報の対象に	**6日** **トルコ**南東部で大地震、隣国の**シリア**も含めて死者は5万人以上 **21・22日** ジャイアントパンダ4頭を中国に返還	**28日** **JAXA**の**宇宙飛行士**候補に男女各1人が合格したと発表

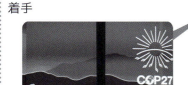

2023	国内ニュース	国際ニュース	理科ニュース
3月	8〜21日 第5回WBCが開催。日本が優勝 13日 マスクを着用するかどうかは個人の判断に 17日 車いすテニスの国枝慎吾選手に**国民栄誉賞**	10日 中国の全国人民代表大会で**習近平国家主席**が3選 17日 **国際刑事裁判所（ICC）**がロシアの**プーチン大統領**に逮捕状 21日 **岸田首相**が**ウクライナ**を訪問し**ゼレンスキー大統領**と会談	7日 **H3ロケット**初号機の打ち上げに失敗  27日 国産初の**量子コンピュータ**が稼働
4月	1日 **こども家庭庁**が発足 1日 自転車に乗るときは年齢を問わずヘルメットを着用することが全国で努力義務に 9日 **統一地方選挙**前半戦 23日 **統一地方選挙**後半戦と衆議院・参議院議員の補欠選挙	4日 **フィンランド**が**NATO**に加盟 15日 **ドイツ**で稼働していた最後の原子力発電所3基が運転を停止 19日 国連人口基金が2023年の世界人口白書を公表。2023年半ばの時点でのインドの人口は14億2860万人で、14億2570万人の中国を上回るとした	20日 インド洋から太平洋にかけて**金環皆既日食**。日本でも一部地域で部分日食
5月	5日 石川県珠洲市で震度6強の地震 8日 新型コロナの感染症法上の位置づけを「5類」に 19〜21日 広島市で**G7サミット**。各国首脳が原爆資料館を訪問。ゼレンスキー大統領も出席 31日 **北朝鮮**が偵察衛星打ち上げに失敗。沖縄県に**Jアラート**	6日 イギリス国王**チャールズ3世**の戴冠式	 
6月	16日 **LGBT理解増進法**が成立 17〜23日 天皇・皇后両陛下が**インドネシア**を訪問	6日 **ウクライナ**でドニプロ川のダムが破壊され、広い範囲が浸水	1日 **アメリカザリガニ**と**アカミミガメ**が条件付き**特定外来生物**に

ニュースカレンダー

2023

	国内ニュース	国際ニュース	理科ニュース
7月	3日 東京都港区で高さ330mの「麻布台ヒルズ森JPタワー」が竣工式。大阪市阿倍野区の「あべのハルカス」に代わって日本一高いビルに	16日 イギリスのTPP加盟を正式に承認 20日～8月20日 オーストラリア、ニュージーランドでサッカー女子ワールドカップ	10日 福岡県と大分県に大雨特別警報
8月	24日 福島第一原子力発電所の処理水の海洋放出を開始。中国は日本の水産物の輸入を全面禁止 26日 宇都宮ライトレール(LRT)が開業	8日 アメリカ・ハワイ州マウイ島で大規模な山火事。ラハイナの町に延焼し、死者・行方不明者は100人以上 22～24日 南アフリカ共和国でBRICS首脳会議	15日 台風7号が近畿地方を縦断 23日 インドの無人探査機が月の南極付近に着陸 26日 古川聡宇宙飛行士らが「クルードラゴン」でISSに出発
9月	1日 関東大震災から100年 1日 内閣感染症危機管理統括庁が発足 13日 第2次岸田再改造内閣が発足	8日 北アフリカのモロッコで大地震 8日～10月28日 フランスでラグビーワールドカップ 9日・10日 インドのニューデリーでG20サミット 10日 北アフリカのリビア東部で洪水 23日～10月8日 中国の杭州で夏季アジア競技大会	7日 日本の小型月探査機「SLIM」をH-IIAロケットで打ち上げ 8日 台風13号により千葉県、茨城県などで大雨 24日 NASAの探査機「OSIRIS-REx」が小惑星「ベンヌ」のサンプルを地球に届ける
10月			29日 部分月食
11月～		11月30日～12月12日 アラブ首長国連邦のドバイでCOP28	

2024

	国内ニュース	国際ニュース	理科ニュース
2024年	3月16日 北陸新幹線が金沢から敦賀まで延伸開業 7月 新しい10000円札・5000円札・1000円札を発行開始	1月13日 台湾総統選挙 7月26日～8月11日 パリで夏季オリンピック 8月28日～9月8日 パリで夏季パラリンピック 11月5日 アメリカ大統領選挙の一般投票	1～2月 SLIMが月に着陸予定 熱中症特別警戒アラートを新設

時事問題に関連する

資料のページ

時事問題を学ぶにあたっては、地図や表を利用して視覚的に理解することも大切です。地名が出てきたら、そこがどの都道府県にあるか知識として知るだけでなく、地図上での位置を理解する必要があります。また、地図や表に整理することで、もれなくおさえることもできます。そこで、このページでは、時事問題に関連する地図や年表などをまとめました。ぜひ役立ててください。

1 感染症の歴史

歴史の流れは、各時代に生きていた人たちがどう考え、行動したかだけでは決まりません。自然条件によっても大きく左右されます。異常気象や大規模な災害が歴史に影響を与えた例は非常に多くありますが、たくさんの人の命を一度に奪う感染症はそれ以上に、経済や社会のしくみに大きな変動を引き起こします。一方で、感染症を克服するための努力も続けられてきました。これからも続いていくであろう、人類と感染症とのかかわりの歴史を振り返ってみましょう。

先史時代	人類が家畜を飼い始めるとともに、動物から細菌やウイルスが人に感染し、さまざまな感染症が生まれる。家畜にするのに適した動物があまりいなかった南北アメリカでは、感染症が比較的少なかったとみられる
737年	平城京で疫病（天然痘）が流行し、権力を握っていた藤原4兄弟が次々に死亡
743年	聖武天皇が大仏造立を命じる。仏の力で疫病から国を守るためでもあった
869年	疫病退散を願って、京都で祇園祭が始まる
13〜14世紀	モンゴル帝国がユーラシア大陸の大部分を支配し、東西交流が活発になる。「グローバル化」が進んだことで、感染症が拡大しやすい状況が生まれる
1348年ごろ	ヨーロッパでペスト（黒死病）が大流行。人口の約3分の1が失われたともいわれる。以後、流行が繰り返されるようになるが、それは「ユダヤ人」や「魔女」のせいだとして、迫害も繰り返された
1492年	コロンブスが新大陸に到達。以後、旧大陸から新大陸に、天然痘をはじめ、さまざまな感染症が持ちこまれる。免疫のなかった先住民は次々に感染・死亡し、人口が激減。逆に新大陸からは、梅毒が旧大陸に持ちこまれたとされる

先史時代の人がヤギなどの家畜を描いた岩絵（アフリカ・アルジェリアのタッシリ・ナジェールで）

ペストにかかって体中にはれ物ができた人を描いた14世紀の絵

1665年	ロンドンでペストが大流行。ケンブリッジ大学も閉鎖され、ニュートンは故郷に疎開。このとき万有引力の法則を発見したとされる
18世紀末	イギリスのジェンナーが、牛痘という天然痘に似た牛の病気にかかった人のうみを他の人に接種して、天然痘を予防（ワクチンの発見）
18～19世紀	産業革命が起こったイギリスなどで、劣悪な条件で働かされていた労働者の間に結核が蔓延
19世紀	イギリスの植民地支配により、インドの風土病だったコレラの世界的な流行が繰り返される。日本にも侵入
1880年代	フランスのパスツールが狂犬病のワクチンを開発
1880年代	ドイツのコッホが結核菌、コレラ菌を発見。北里柴三郎がドイツに留学しコッホに師事
1894年	北里柴三郎とイェルサンがそれぞれ香港でペスト菌を発見
1918～20年	スペイン風邪（インフルエンザ）が世界的に大流行。全世界で数千万人が死亡。日本でも約40万人が死亡
1928年	野口英世がアフリカのガーナで黄熱病に感染して死亡 フレミングが細菌を殺す抗生物質「ペニシリン」を発見
1930年代	透過型電子顕微鏡が発明され、ウイルスを見ることができるようになる
1950年	この年を最後に、結核が日本人の死亡原因の1位ではなくなる
1976年	アフリカで「エボラ出血熱」が発生。以後、流行が繰り返される
1980年	世界保健機関（WHO）が天然痘の根絶を宣言。自然感染した最後の患者は、1977年にアフリカのソマリアで発生した
1981年	後天性免疫不全症候群（AIDS）の患者が初めて発見される
1997年	香港で鳥インフルエンザが発生し、すべての鶏を殺処分。以後もアジアでは、たびたび鳥インフルエンザが発生し、人に感染して死者も出た
2001年	当時の小泉純一郎首相がハンセン病の患者・元患者らに対して、政府が人権を無視した隔離政策をとり、差別を助長してきたことを謝罪 日本でも牛海綿状脳症（BSE）に感染した牛が発見される
2002～03年	コロナウイルスの一種による重症急性呼吸器症候群（SARS）が中国で発生し、世界に広がる
2007年	日本の若者の間に麻疹（はしか）が流行。休校する大学が続出
2009年	新型インフルエンザにより、大阪府・兵庫県では一時、学校が休校に
2010年	宮崎県で家畜の伝染病「口蹄疫」が発生し、約29万頭の豚・牛を殺処分
2012年	新型インフルエンザ等対策特別措置法を制定 コロナウイルスの一種による中東呼吸器症候群（MERS）の患者を初めて確認
2014年	東京の代々木公園で蚊に刺された人が、日本には存在しないはずの「デング熱」に感染
2016年	リオデジャネイロオリンピックの開催をひかえたブラジルで「ジカ熱」が流行。参加を辞退する選手も出た
2020年	新型コロナウイルス感染症の世界的な流行が始まる WHOがアフリカで野生株のポリオの根絶を宣言
2022年	アフリカから欧米に、天然痘に似た「エムポックス（サル痘）」が広がる

「病人は成るべく別の部屋に」と、家庭での感染防止を呼びかけるスペイン風邪流行当時のポスター
（国立保健医療科学院図書館所蔵　内務省衛生局著．流行性感冒．1922.3.）

スペイン風邪の感染予防のため、マスクを着用した女学生

WHOのマークは「アスクレピオスのつえ」。ギリシャ神話に登場する名医のアスクレピオスが持つ蛇の巻きついたつえは、医術の象徴とされている

2 最近のノーベル平和賞受賞者

ノーベル賞とは、ダイナマイトを発明したスウェーデンの化学者アルフレッド・ノーベル（1833～1896年）の遺言により創設された賞です。1901年から、**物理学、化学、医学・生理学、文学、経済学、平和**の6つの部門で毎年大きな業績を残した人に贈られています（経済学賞は1969年から）。平和賞には、非暴力での民主化運動や人権擁護活動につくした人や団体が多く選ばれています。

例えば、2014年のノーベル平和賞は、イスラム過激派に銃撃され、重傷を負いながらも、女性にも教育を受ける権利があると訴えたパキスタン出身の**マララ・ユスフザイさん**ら2人が受賞しました。1997年生まれのマララ・ユスフザイさんは、当時17歳でした。

2022年のノーベル平和賞を受賞したビャリャツキ氏の妻（左）、メモリアルのラチンスキー代表（中）、市民自由センターのマトイチュク代表（右）

年	おもな受賞者	受賞した理由
1901年	アンリ・デュナン（ほかにフレデリック・パシーも受賞）	国際赤十字の創設
1964年	キング牧師	アメリカでの黒人差別撤廃を訴える公民権運動
1974年	佐藤栄作（ほかにショーン・マクブライドも受賞）	非核三原則の提唱
1979年	マザー・テレサ	カトリックの修道女として、インドで貧しい人や病人に救いの手を差し伸べる
1989年	ダライ・ラマ14世（チベット仏教の最高指導者）	チベットで非暴力による中国からの自治拡大運動
1990年	ミハイル・ゴルバチョフ　ソ連共産党書記長（大統領）	ソ連最後の指導者として冷戦を終結に導く
1991年	アウンサンスーチー　国民民主連盟書記長	ミャンマーの軍事政権に対して、非暴力での民主化運動
1993年	ネルソン・マンデラ　アフリカ民族会議議長　フレデリック・デクラーク　南アフリカ共和国大統領	南アフリカ共和国の人種隔離政策（アパルトヘイト）終結のための努力
1997年	地雷禁止国際キャンペーン（ICBL）　ジョディ・ウィリアムズ代表	対人地雷廃絶をめざす活動
1999年	国境なき医師団	世界中の紛争地域などでの医療活動
2000年	金大中　韓国大統領	北朝鮮の金正日・労働党総書記（国防委員長）との南北首脳会談を行う。韓国の民主化にも貢献
2001年	国際連合（国連）とコフィ・アナン事務総長	世界の平和、人権保護などのために努力
2004年	ワンガリ・マータイ　ケニア環境副大臣	持続可能な開発、民主主義と平和への貢献
2005年	国際原子力機関（IAEA）とモハメド・エルバラダイ事務局長	原子力エネルギーの平和的利用に対する貢献
2007年	アル・ゴア　前アメリカ副大統領　気候変動に関する政府間パネル（IPCC）	地球温暖化の脅威を警告
2009年	バラク・オバマ　アメリカ大統領	「核兵器のない世界」をめざすと発言し軍縮交渉を促す
2010年	劉暁波（中国の民主化を求める活動家）	共産党の一党独裁体制廃止を求める「08憲章」を起草
2012年	ヨーロッパ連合（EU）	ヨーロッパで戦争を起こさないようにする。民主主義の発展と人権の向上にも貢献
2013年	化学兵器禁止機関（OPCW）	非人道的な化学兵器を廃棄する活動
2014年	マララ・ユスフザイ（パキスタン出身の人権活動家）	女子に教育は必要ないとするイスラム過激派の主張に反対し、女子の教育を受ける権利を求める活動
	カイラシュ・サティアルティ（インドの人権活動家）	経済的利益のために子どもを搾取する児童労働に反対
2017年	核兵器廃絶国際キャンペーン（ICAN）	核兵器禁止条約の採択に貢献
2018年	デニ・ムクウェゲ（コンゴ民主共和国の産婦人科医）　ナディア・ムラド（過激派組織「イスラム国」による迫害を告発した、イラクでは少数派のヤジディ教徒の活動家）	戦争・武力紛争での性暴力をなくす努力
2019年	アビー・アハメド　エチオピア首相	隣国エリトリアとの紛争を終結させ和平を実現
2020年	国連世界食糧計画（WFP）	紛争地域などでの食料支援や飢餓撲滅のための活動
2021年	ドミトリー・ムラトフ（ロシアの新聞編集長）　マリア・レッサ（フィリピンのインターネットメディア代表）	強権的な政権の批判を続け、報道の自由を守る
2022年	アレシ・ビャリャツキ（ベラルーシの人権活動家）　メモリアル（ロシアの人権団体）　市民自由センター（ウクライナの人権団体）	権力者による反体制派の弾圧や戦争犯罪を記録し、人権を守る活動

※肩書きは受賞当時のもの。色をつけた受賞者は女性

3 日本のノーベル賞受賞者

直近の日本出身のノーベル賞受賞者は、2021年の**ノーベル物理学賞**を受賞した、アメリカのプリンストン大学上席研究員の**真鍋淑郎氏**です。真鍋氏は日本出身ですが、学位を取得後、アメリカに渡って国立気象局に入り、アメリカ国籍を取得しました。

その業績は、大気の大循環と海洋の大循環のデータを組み合わせてコンピュータによるシミュレーション(模擬実験)を行い、気候変動を予測するためのモデルを開発したことです。そして、大気中の**二酸化炭素(CO_2)** が増加すると**地球温暖化**につながることを示しました。

真鍋氏が開発したモデルは**気候変動に関する政府間パネル(IPCC)** でも使われ、1992年の**気候変動枠組み条約**の採択や、1997年の**京都議定書**の採択など、さまざまな温暖化対策が行われるきっかけにもなりました。

2021年の物理学賞を受賞した真鍋淑郎氏

年	受賞者	受賞した賞	受賞した理由
1949年	湯川秀樹(1907～1981年)	物理学	原子核の中に「中間子」が存在することを予言
1965年	朝永振一郎(1906～1979年)	物理学	量子電磁気学の難問を解決する「くりこみ理論」
1968年	川端康成(1899～1972年)	文学	『雪国』『伊豆の踊子』などの作品
1973年	江崎玲於奈(1925年～)	物理学	粒子が障壁を超えて移動する「トンネル効果」を初めて半導体で実証し、「江崎ダイオード」を開発
1974年	佐藤栄作(1901～1975年)	平和	核兵器を「持たず、つくらず、持ちこませず」の非核三原則に基づく政治・外交
1981年	福井謙一(1918～1998年)	化学	有機化学反応についての「フロンティア軌道理論」
1987年	利根川進(1939年～)	医学・生理学	免疫抗体ができる過程を遺伝子レベルで解明
1994年	大江健三郎(1935～2023年)	文学	『個人的な体験』『万延元年のフットボール』などの作品
2000年	白川英樹(1936年～)	化学	電気を通す性質を持った高分子化合物(プラスチック)を開発
2001年	野依良治(1938年～)	化学	化学的な組成が同じでも、左手と右手のように対称的な構造を持つ有機化合物について、「左」か「右」のどちらかだけをつくり出す方法を開発
2002年	小柴昌俊(1926～2020年)	物理学	岐阜県の神岡鉱山跡に設置した「カミオカンデ」という装置で、超新星爆発による「ニュートリノ」をとらえることに成功
2002年	田中耕一(1959年～)	化学	たんぱく質の質量の正確な測定法を開発
2008年	※南部陽一郎(1921～2015年) 益川敏英(1940～2021年) 小林誠(1944年～)	物理学	素粒子物理学の発展に貢献
2008年	下村脩(1928～2018年)	化学	クラゲから緑色の蛍光を発するたんぱく質を発見し、その光るしくみを解明
2010年	鈴木章(1930年～) 根岸英一(1935～2021年)	化学	パラジウムを化学反応のなかだちとなる「触媒」として使い、有機ホウ素化合物から目的の有機化合物を効率的につくる方法を確立
2012年	山中伸弥(1962年～)	医学・生理学	iPS細胞をつくることに成功
2014年	赤崎勇(1929～2021年) 天野浩(1960年～) ※中村修二(1954年～)	物理学	高輝度の青色発光ダイオード(LED)を開発し、その実用化に貢献
2015年	大村智(1935年～)	医学・生理学	寄生虫が目に侵入して失明の原因になる風土病などに効く抗生物質を発見
2015年	梶田隆章(1959年～)	物理学	「ニュートリノ」に質量があることを証明
2016年	大隅良典(1945年～)	医学・生理学	細胞が細胞内のたんぱく質を分解する「オートファジー(自食作用)」のしくみを解明
2018年	本庶佑(1942年～)	医学・生理学	がんの免疫療法を開発
2019年	吉野彰(1948年～)	化学	リチウムイオン電池を開発
2021年	※真鍋淑郎(1931年～)	物理学	コンピュータを使ったシミュレーションを気候変動の予測に導入

※南部陽一郎氏、中村修二氏、真鍋淑郎氏は日本出身だが、アメリカ国籍を取得

4 2023年の○年前のできごと

　中学入試では、問題作成の年の○年前のできごとを題材とした出題が見られます。そこで、2023年に○周年を迎えた、西暦年の末尾が「3」の年に起こったできごとを確認しておきましょう。

年	○年前	できごと
1853年	（170年前）	アメリカのペリーが浦賀（神奈川県）に、ロシアのプチャーチンが長崎に来航
1863年	（160年前）	アメリカでの南北戦争中、リンカーン大統領がゲティスバーグで「人民の、人民による、人民のための政治」と演説
1873年	（150年前）	明治政府が徴兵令と地租改正条例を出す
1903年	（120年前）	アメリカのライト兄弟が人類初の動力飛行に成功
1913年	（110年前）	前年末からの第一次護憲運動により、桂太郎内閣が総辞職
1923年	（100年前）	関東大震災。東京や横浜で大規模な火災が発生し、死者10万人以上
1933年	（90年前）	日本が国際連盟脱退を通告
1943年	（80年前）	東京府と東京市の組織を統合して「東京都」が成立。学徒出陣が始まる
1953年	（70年前）	NHKがテレビの本放送を開始。朝鮮戦争が休戦に。奄美群島が日本に返還
1963年	（60年前）	アメリカ、イギリス、ソビエト連邦（ソ連）が、大気圏内・宇宙空間・水中での核実験を禁止する部分的核実験禁止条約に調印
1973年	（50年前）	アラブ諸国とイスラエルとの間で第四次中東戦争が発生。アラブ諸国はイスラエルを支持する国への石油の輸出を禁止・制限したため、第一次石油危機（オイルショック）に
1993年	（30年前）	北海道南西沖地震が発生。おもに津波により、奥尻島などで200人以上が死亡・行方不明。衆議院議員総選挙で与党の自由民主党（自民党）が過半数割れ。日本新党の細川護熙代表を首相とする、非自民8党派による連立政権が成立し、自民党が野党に（55年体制の崩壊）。冷夏のため米が大凶作となり、タイなどから緊急輸入
2003年	（20年前）	イラクのサダム・フセイン大統領による政権が大量破壊兵器を隠し持っている疑いがあるとして、アメリカ、イギリスはイラクを攻撃（イラク戦争）。サダム・フセイン政権は崩壊したが、大量破壊兵器は発見されず
2013年	（10年前）	特定秘密保護法が成立

各地で地震・津波による犠牲者を追悼

　上の表にもあるように、西暦年号の末尾が3の年には、関東大震災以外にも、地震・津波による災害が多く発生しています。2023年に、忘れることのできない「その日」から○年という節目の日を迎えた各地では、犠牲者を追悼する行事や避難訓練などが行われました。

発生日	地震の名称など	被害の内容など
3月3日	昭和三陸地震津波（1933年）から90年	震源が陸地から遠く、揺れによる被害はあまりなかったが、津波による犠牲者は岩手県・宮城県を合わせて約3000人。これ以来、三陸では3月3日に避難訓練が行われるようになり、東日本大震災が起こった3月11日も避難訓練をしたばかりだった
5月26日	日本海中部地震（1983年）から40年	秋田県沖で発生した地震で、死者104人のうち100人が津波によるもの。当時、日本海側では津波に対する警戒心が薄く、海のない地域から男鹿半島に遠足に来ていた小学生らが犠牲に
7月12日	北海道南西沖地震（1993年）から30年	渡島半島の日本海側が津波におそわれ、死者は200人以上。特に奥尻島は、地震発生後数分で高さ20m以上の津波におそわれ、火災も発生して壊滅的な被害に
9月1日	関東大震災（1923年）から100年	相模湾沿岸、伊豆半島東岸、房総半島では津波による死者も
9月10日	鳥取地震（1943年）から80年	家屋の倒壊率が高かった直下型地震で鳥取市に壊滅的被害。1940年代に5回発生した死者1000人以上の地震の1回目

北海道南西沖地震で壊滅的な被害を受けた奥尻島

5 2024年の○年前のできごと

実際に入試が行われる年の○年前のできごとを題材とした出題も考えられます。そこで、2024年に○周年を迎える、西暦年の末尾が「4」の年に起こったできごとも確認しておきましょう。

年	○年前	できごと
1124年	(900年前)	奥州藤原氏初代の藤原清衡が平泉に中尊寺金色堂を建立
1854年	(170年前)	ペリーが再来航し日米和親条約を結ぶ
1894年	(130年前)	陸奥宗光が領事裁判権（治外法権）の撤廃に成功。日清戦争が起こる
1904年	(120年前)	日露戦争が起こる
1914年	(110年前)	第一次世界大戦が始まる。日本は中国・山東半島のドイツ根拠地を攻撃
1924年	(100年前)	兵庫県西宮市（当時は西宮町）に甲子園球場が開場。第二次護憲運動により、政党内閣として加藤高明内閣が成立
1944年	(80年前)	アメリカ軍がサイパン島、テニアン島、グアム島を占領。これらの島々から発進したB29爆撃機による日本本土空襲が始まる
1954年	(70年前)	アメリカがビキニ環礁で水爆実験、日本の漁船「第五福竜丸」が被ばく。自衛隊が発足
1964年	(60年前)	東海道新幹線が開業。東京オリンピックが開催。中国が初の核実験
1974年	(50年前)	インドが初の核実験。非核三原則を唱えた佐藤栄作元首相にノーベル平和賞
1984年	(40年前)	新紙幣発行（肖像は一万円札が福沢諭吉、五千円札が新渡戸稲造、千円札が夏目漱石）
1994年	(30年前)	衆議院の選挙制度を中選挙区制から「小選挙区比例代表並立制」に改める法改正。ドーバー海峡の海底に「ユーロトンネル」が開通。アパルトヘイト（人種隔離政策）が終了した南アフリカ共和国で、ネルソン・マンデラ氏が大統領に。関西国際空港が開港
2004年	(20年前)	前年の戦争からの復興支援のため、イラクに自衛隊を派遣。九州新幹線の新八代駅―鹿児島中央駅間が開業。新潟県中越地震で「震度7」、上越新幹線が脱線。新紙幣発行（肖像は一万円札が福沢諭吉、五千円札が樋口一葉、千円札が野口英世）。スマトラ島沖地震・津波で20万人以上が死亡
2014年	(10年前)	ロシアがウクライナの領土であるクリミア半島を、住民投票の結果だと称して一方的に併合。消費税の税率を5%から8%に。集団的自衛権の行使を条件つきで容認すると閣議決定

甲子園球場開場から100年

兵庫県西宮市にある阪神甲子園球場は、2024年8月1日に開場100周年を迎えますが、「甲子」とは地名ではありません。開場した1924年は「甲子（きのえね）」の年にあたっていたので、「甲子園」と命名されたのです。

年の表し方には10年でひとめぐりする「十干」と、12年でひとめぐりする「十二支」を組み合わせた「干支」という方法があります。「甲子」から始めると、「乙丑」「丙寅」「丁卯」「戊辰」…というように、十干と十二支のどちらも1つずつ進んでいきます。10と12の最小公倍数は60なので、60年でひとめぐりして、61年目は「甲子」に戻ります。60歳を「還暦」というのはそのためです。表のように元号ではなく、この干支で表した歴史的なできごとがいくつかあります。十干は10年でひとめぐりするので、十干が同じなら、西暦年号の末尾の数字も同じです。

十二支
子（シ、ね）
丑（チュウ、うし）
寅（イン、とら）
卯（ボウ、う）
辰（シン、たつ）
巳（シ、み）
午（ゴ、うま）
未（ビ、ひつじ）
申（シン、さる）
酉（ユウ、とり）
戌（ジュツ、いぬ）
亥（ガイ、い）

十干	西暦年号の末尾	できごとの例
甲（コウ、きのえ）	4	甲午農民戦争（1894年）
乙（オツ、イツ、きのと）	5	乙巳の変（645年）
丙（ヘイ、ひのえ）	6	
丁（テイ、ひのと）	7	
戊（ボ、つちのえ）	8	戊辰戦争（1868年）

十干	西暦年号の末尾	できごとの例
己（キ、つちのと）	9	
庚（コウ、かのえ）	0	
辛（シン、かのと）	1	辛亥革命（1911年）
壬（ジン、みずのえ）	2	壬申の乱（672年）
癸（キ、みずのと）	3	

2023年 時事用語解説

●SDGs（持続可能な開発目標）

2015年の国連総会で設定された、2030年までに達成すべき17の目標のこと。2000年の「国連ミレニアムサミット」では、「極度の貧困と飢餓の撲滅」など、2015年までに達成すべき8つの目標を掲げた「ミレニアム開発目標（MDGs）」が設定されたが、その後継となったのが「持続可能な開発目標（SDGs）」である。

MDGsは発展途上国の開発を中心とした目標で、先進国はそれを援助する側という位置づけだった。発展途上国で1日に1.25ドル未満で生活する極度の貧困層は、1990年には人口の約47％を占めていたが、2015年には約14％になり、10億人以上が極度の貧困から抜け出したという。一方、SDGsには経済、社会、環境など、より幅広い分野の目標が含まれており、発展途上国だけでなく先進国も、それぞれ自国に残る問題解決に取り組むものとされている。

しかし、新型コロナウイルス感染症により、改善される傾向にあった貧困や飢餓が再び深刻になってきている。国連の報告書によると、2021年の飢餓人口は約8億2800万人（世界人口の約9.8％）で、2019年より1億5000万人、2020年より4600万人も増えたことがわかった。2022年には約7億3500万人と減少したものの、それでも新型コロナウイルス感染症の流行前より多く、2030年までに飢餓をなくすという目標は達成が困難になっている。

●貨客混載

「客」を運ぶ鉄道、バス、フェリーなどの公共交通機関に、宅配便、農畜産物、水産物などの「貨物」もいっしょに載せて運ぶこと。ただし、人が乗るスペースと、荷物を積むスペースは分けるのが原則である。公共交通機関の乗客が少ない過疎地域では、路線の維持が年々困難になっており、また物流網の維持も難しいため、国による規制緩和を受けて、こうした取り組みが始まっている。1人がバスの運転手とトラックの運転手を兼ねるようなものなので、人手不足に対応でき、二酸化炭素の排出量も減らせると期待されている。この試みは新幹線にも広がっている。新型コロナウイルス感染症による人の移動の減少で大打撃を受けたJR各社は、少しでも収入につなげるため、乗車率が低くなった新幹線でも、その速く運べるという特性を生かして、貨客混載を行うようになった。しかも、空きスペースだけでなく、客席も利用するようになりつつある。特に北海道・東北新幹線で、農畜産物や水産物を産地から東京や仙台などの大消費地に新鮮なうちに運ぶ試みがさかんになっている。新幹線に貨物専用車両を連結することも検討されるようになった。

2023年6月30日からは、タクシーや貸し切りバスもこの貨客混載ができるよう、過疎地域だけでなく、全国で規制が緩和された。2024年からは、長時間労働をなくし、労働者が仕事と私生活を両立させられるようにするための「働き方改革」がトラックドライバーにも適用され、時間外労働が年960時間以内に制限される。そのため、ドライバー不足がさらに深刻になり、荷物の輸送が滞るケースが多発するとみられている。これは「物流2024年問題」ともいわれているが、貨客混載は、それを解決する方法の1つとしても期待されている。

2023年6月16日、JR東日本は新青森発大宮行きの臨時の東北新幹線「はやぶさ72号」に食品と生花を積んで首都圏に運ぶ実証実験を行った。車両3両分もの荷物を積み込むのは初めての試みだった

●国民栄誉賞

広く国民に敬愛され、社会に明るい希望を与えることに大きな業績があった人や団体を内閣総理大臣が表彰するもの。1977年9月、プロ野球読売ジャイアンツ

（読売巨人軍）の王貞治選手が756号ホームランを打ち、当時の世界最高記録を更新したが、このことを表彰するためにできた。それ以来、スポーツ選手、歌手、俳優、作曲家など、27人と1団体が受賞している。

2023年3月には、4大大会のすべてとパラリンピックで優勝を経験した男子車いすテニスの国枝慎吾選手にも授与されたが、パラスポーツ選手の受賞は初めてである。

3月17日、首相官邸で岸田首相から盾を受け取る国枝慎吾氏

●コンパクトシティ

公共施設をはじめとした生活に必要な施設を、市街地の中心部に集約した都市のこと。通勤による渋滞の緩和や、近郊の緑地・農地の保全につながるので、環境・防災上の問題解決に役立つと考えられている。

地方では、家族のそれぞれが自分専用の車を持つほどの「車社会」になっているため、古くからの市街地の中心部にある商店街は衰退し、「シャッター通り」化しているところが多い。それに加えて、郊外の幹線道路沿いに大型店が増え、そこで買い物をするのが一般的になったことにより、車を運転できない高齢者などは、日々の買い物にも不自由する『買い物弱者』になっている。

また、市街地が郊外に拡大しすぎると、冬の除雪費をはじめ、インフラを維持するためのさまざまな費用がかさむようになる。そのような問題を解決するとともに、高齢者などの「交通弱者」にとっても暮らしやすい都市にするため、「コンパクトシティ」をめざす取り組みが各地で行われている。例えば、富山市や宇都宮市では、次世代型路面電車（LRT）を中心にしたまちづくりを進めている。

さ行

●食品ロス（フードロス）

商店での売れ残り、食べ残しや賞味・消費期限切れなどの理由で、まだ食べられるのに捨てられる食品は、日本だけで1年間に500万トン以上になるといわれる。1人が毎日おにぎり1個分のご飯を捨てている計算になる。飢餓に苦しむ人は全世界で7～8億人もいるとされる中で、こうした「食品ロス」を減らす取り組みが求められている。

例えば、食品としての品質には問題がないにもかかわらず、大きさや形が規格を外れている、包装に不備があったというような理由で、商品にならなくなった食品を企業などから引き取り、貧困に苦しむ人に提供する「フードバンク」といわれる活動も行われている。

こうした活動をしている特定非営利活動法人（NPO法人）は、貧困のため十分な食事がとれない子どもに無料または安価で食事を提供する「こども食堂」を運営していることも多い。

●生成AI

AIとは「アーティフィシャル・インテリジェンス」の略で、日本語では「人工知能」という。大量のデータを集め、それをもとに未知の問題を解決するようなコンピュータプログラムのことで、ロボットそのものを指すのではない。近年では、「AIの急速な発達により、人間は仕事を奪われる」「そうならないためには、AIにはできないことができる人間にならなければならない」という主張が目立つようになった。

特に、2022年11月に発表された「ChatGPT」は「対話型生成AI」といわれる。聞きたいことを普通の文で入力すれば、それにふさわしい答えを自然な文で返してくれるという画期的なものである。しかし、安易に機密情報や個人情報を入力すれば流出のおそれがある。また、AIがインターネット上にある情報を学習し、それを模倣して何かを生成すれば著作権侵害のおそれもある。

AIは、人間と同じように物を考えているわけではない。インターネット上にある膨大な情報を検索して、あることばと一緒によく使われることばは何かを調べ、問われたことに対して、最も自然な文を作っているだけである。出力された文の内容が事実として正確かどうかは必ずしも保証されず、誤りが多くて使い物にならないことも少なくない。そのため、誤った情報の拡散というリスクもある。将来は、インターネットで得られる情報の信頼度がさらに低下することもありうる。また、手間をかけずに大量の偽情報を生成できるということになれば、意図的に誤った情報を拡散して、世論を混乱させるといった使い方がされることも考えられる。

教育の場では、AIが生成した文章などを、そのまま自分の作品として提出するといった不適切な使い方をする学生・生徒も出てくると考えられる。見破るのは難しいため、横行するおそれがあるが、それでは教育効果が望めない。現場では対応を迫られているが、AIをどの程度利用すべきかについては意見が分かれている。

●世界ジオパーク

地震・火山活動や、大きな地殻変動が起きた証拠が見られる場所などは、学問的に重要であり、景観も美しいところが多い。このような場所を、世界遺産と同じような考えから、認定して保護していこうという試みが「世界ジオパーク」である。2015年11月からは、世界遺産などと同様に、ユネスコの正式な事業になった。

ただ保護するだけでなく、地球が生きていることを実感できる場所や、生々しい災害のあとなどを実際に多くの人に見てもらうことで、科学教育や防災教育に役立てることもねらいである。日本からは2023年5月、石川県白山市の「白山手取川」が新たに認定され、世界ジオパークは10か所になった。

日本から「世界ジオパーク」に認定されている10か所

●世界農業遺産

国連食糧農業機関（FAO）が、自然と調和し、生物多様性を守りながら伝統的な農業を行っている地域を認定したもの。日本からは2022年、山梨県峡東地域の扇状地でのブドウやモモなどの果樹栽培と、滋賀県琵琶湖地域における、農業と湖での漁業がつながった資源循環型のしくみが新たに認定された。また、2023年には、埼玉県武蔵野地域（川越市、所沢市、ふじみ野市、三芳町）の「大都市近郊に今も息づく武蔵野の落ち葉堆肥農法」と、兵庫県兵庫美方地域（兵庫県北部の但馬地方のうち、鳥取県に近い香美町と新温泉町）の「人と牛が共生する美方地域の伝統的但馬牛飼育システム」も新たに認定された。

このうち「落ち葉堆肥農法」とは、畑に隣接する平地に木を植えて林を作り、その落ち葉を堆肥としてサツマイモなどを栽培する循環型農業で、江戸時代から300年以上も受け継がれてきた。また、「伝統的但馬牛飼育システム」は、日本で初めて牛の血統を登録した「牛籍簿」により遺伝情報を管理し、和牛改良に役立ててきたことが評価された。これで、国内の世界農業遺産認定地域は15地域になった。

日本から世界農業遺産に認定されている15か所

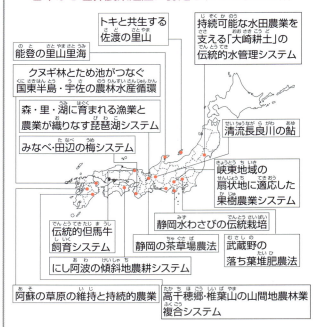

●世界の記憶（旧・世界記憶遺産）

形のある建物や自然を対象とする「世界遺産」に対して、価値のある文書などをデジタル化して後世に伝えていくために、国連教育科学文化機関（ユネスコ）のリストに登録されたもの。フランス革命のときに出された「人権宣言」や、第二次世界大戦中、ユダヤ人であったためにナチス・ドイツによって強制収容所に送られ、15歳で死亡した少女アンネ・フランクが記した「アンネの日記」も登録されている。日本からは2011年に、炭坑記録画家・山本作兵衛（1892～1984年）の絵画や日記が初めて登録された。2023年には、滋賀県大津市にある園城寺（三井寺）などが所蔵する「智証大師円珍関係文書典籍―日本・中国の文化交流史」が新たに登録された。円珍は平安時代の初めに中国（唐）で密教を学んで帰国した僧で、今回登録された文書には 経典や仏画のほか、唐の通行証なども含まれている。これで、日本の「世界の記憶」は8件になった。

日本の「世界の記憶」

た行

●テレワーク（リモートワーク）

パソコンなどのICT機器を利用して、自宅などオフィス以外の場所で働くこと。何らかの障害があって通勤が難しい、育児や介護のために長時間、家をあけられないといった事情を抱える人も、テレワークであれば働ける可能性があり、多様な人材を活用することにつながる。そのため、時間と場所にとらわれない働き方として、以前から注目されていたが、新型コロナウイルス感染症の流行が始まった2020年からは、特に強く奨励されるようになった。

しかし、「自宅にテレワークができるスペースや機器がない」「プライバシーの侵害につながる」「仕事と私生活のメリハリがつかなくなる」「セキュリティが甘くなりがち」「通信費がかさむようになっても会社がそれを負担してくれない」といったさまざまな問題点があり、必ずしも良いことばかりではない。

また、テレワークができるのは、情報を集め、判断して指示を出す管理的な仕事や、具体的な物ではなく情報を扱う仕事が中心である。医療・保育・介護などの従事者、電気・ガス・水道・交通機関などのライフライン関係者、警察官や消防士、スーパーマーケットやコンビニエンスストアの店員など、社会を維持するのにどうしても必要な「エッセンシャルワーカー」はテレワークができないことに留意する必要がある。

は行

●ハザードマップ

災害が発生したときに、どの地域でどのような被害が出る可能性があるかを、災害の種類別に示した地図。例えば地震であれば、倒壊する建物の多い地域、火災が発生して延焼する危険性の高い地域、地盤の液状化現象が起こる可能性の高い地域などがそれぞれ示されている。また、津波や水害であれば浸水する範囲が、火山の噴火であれば火山灰が降る範囲、火砕流や溶岩流が到達する範囲などが示されている。

近年、このような地図を各地の地方公共団体が作成してホームページで公表したり、住民に配ったりするようになった。住民一人ひとりが、自分の住んでいる地域にどんな災害の危険があるのかを知ることで、いざというときに適切な行動がとれるようにしてもらい、被害を少なくするのがねらいだといえる。

●ふるさと納税制度

自分の出身地など、応援したい地方公共団体に一定の金額を超える寄付をすると、現在住んでいる地方公共団体に納める住民税などが安くなる制度。2008年度から導入された。寄付をするのは、必ずしも自分の出身地の地方公共団体でなければならないとは決められていないため、災害が発生するたびに、被災地となった地方公共団体に「義援金」としての意味を持つ寄付が集まる。最近では、寄付をしてくれた人にその地域の産物などを返礼品として贈る地方公共団体が多くなったが、その返礼品をもらうために寄付をする人も多くなったため、豪華な品物を贈る地方公共団体も出るなど、寄付を獲得するための競争が過熱した。

このことを問題視した総務省は、「返礼品は寄付金の3割以下の価値の物に」「その地域の産物に」と指導したが、従わなかった地方公共団体もあったため、2019年に法律が改正され、不適切な返礼品を贈っている地方公共団体には寄付をしても、税金が軽減されないようになった。

返礼品自体は高額ではなくても、その発送や宣伝に多額の費用をかけている地方公共団体もある。そこで総務省は、寄付金の少なくとも半分はその地方公共団体のために使われるべきだとして、「返礼品の代金と送料、事務費、広告費などをすべて含めた経費は寄付金の5割以下」という新たなルールを定め、2023年10月から厳格化した。

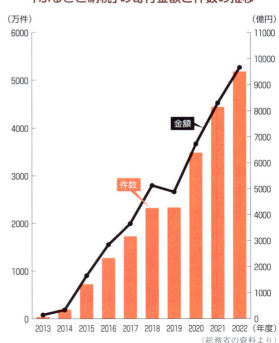

「ふるさと納税」の寄付金額と件数の推移

（総務省の資料より）

151

ま行

●無形文化遺産

国連教育科学文化機関（ユネスコ）が、「世界遺産」「世界の記憶」とは別に、地域の伝統的な行事や工芸技術などを保護するための取り組みとしてリストに登録したもの。2013年には「和食―日本人の伝統的な食文化」が、2014年には「和紙―日本の手すき和紙技術」が、それぞれ登録された。

2022年には、全国24都府県の盆踊りや念仏踊りなど41の民俗芸能が「風流踊」としてまとめて登録された。これには、岩手県北上市と奥州市の「鬼剣舞」、秋田県羽後町の「西馬音内の盆踊」、岐阜県郡上市の「郡上踊」などが含まれる。なお、すでに登録されている神奈川県三浦市三崎の「チャッキラコ」もその1つなので、日本の無形文化遺産の数は22件のままである。文化庁ではさらに、杜氏や蔵人による、こうじ菌を使った「伝統的酒造り」の登録もめざしている。

神奈川県三浦市三崎で毎年1月15日に行われる民俗芸能「チャッキラコ」は、女性だけで小正月を祝う行事。踊るのは主に小学生の少女たち

●メディア・リテラシー

マスメディアやインターネットで流されている情報の真偽を確かめたうえで、信用できるもの、自分にとって必要なものを取捨選択して利用する能力のこと。テレビ、ラジオ、新聞、雑誌などの「マスメディア」の情報は常に正しいとは限らず、誤った報道がなされることもある。また、報道する側が都合のよい情報や場面だけを選んで流すことで、与える印象を変えることもできる。

最近ではインターネットを利用することで、個人でもマスメディアの情報を一方的に受け取るだけでなく、情報を発信することや、マスメディアでは得られない情報を手に入れることもできるようになった。しかし、インターネット上の情報も常に正しいとは限らず、そもそもはじめから人を操ろうとして、悪意で流されている誤った情報もあることに注意しなければならない。

テレビ、ラジオ、雑誌は触れる人が多い高齢者のニーズに合った内容が多くなりつつあるが、インターネットにも、自分が興味のある情報や、自分と同じ意見しか入ってこなくなりがちだという短所があり、それぞれのメディアの特性を考えて接する必要がある。

ら行

●リニア中央新幹線

磁石の力で浮上して、最高時速505kmで走行し、東京（品川駅）―名古屋―大阪を1時間強で結ぶ予定の高速鉄道。JR東海は2027年に、東京（品川）と名古屋間を開業させ、約40分で結ぶことをめざしていた。

2014年12月には、品川駅などで準備工事が着工され、2015年8月には、赤石山脈（南アルプス）を貫通するトンネルが本格着工された。大阪まで開業すると、東京―大阪間の所要時間は1時間7分になる見込み。

ところが、この南アルプスのトンネルが大きな問題になっている。トンネルは山梨県から長野県に直接入るのではなく、静岡県の大井川源流部の地下を通過する。その区間について、2021年6月の選挙で4回目の当選を果たし、さらにあと4年務めることになった静岡県の川勝平太知事は、トンネルを掘ると、トンネル内にしみ出たわき水が流域外の山梨県や長野県に流れ出して、大井川の水量が減る、つまり静岡県が利用できる水資源の量が減るとして、静岡県にかかる区間の着工を認めていない。このため、2027年の開業予定は遅れることが確実になっている。

リニア中央新幹線のルート図

2024年中学入試 予想問題の解答

政治・経済

問1　（あ）共同参画　（い）合計特殊出生率　【それぞれ漢字指定】

問2　（1）イ　（2）エ　（3）エ　（4）手話　【漢字2字指定】
　　（5）（例）昭和時代と平成時代の市町村合併で全国の市町村の数が大きく減ったが、これにより選挙の時期がずれて、すべての地方選挙のうち統一地方選挙として行われる割合である統一率が低くなった。

問3　（例）ポスターを掲示する位置について、立候補を届け出た順番で決まる番号順に並べるのではなく、バラバラにすることで、特定の候補者や党派が目立つのを防ぎ、選挙の公平性を保つため。

問4　ウ

問5　（例）生活に直結する政治が行われる地方自治は地域住民が自ら参加していくものであり、投票機会がなかったり投票しなかったりすると、民意の反映につながらないということ。

問6　（1）ア・イ　【順不同・完答】
　　（2）〈メリット〉（例）個々の感染者の報告について、医療機関や保健所などの作業の負担が軽減される。〈37字〉
　　　　〈デメリット〉（例）感染状況を細かく把握できなくなり、流行の拡大時に対応の遅れが心配される。〈36字〉
　　（3）（例）戦況が悪化するなかで輸送力が低下したことにより、軍需工場で働く人たちの移動や軍需物資の輸送などを優先する必要があったから。
　　（4）（i）ウ　（ii）ア

問7　イ

問8　（1）エ　（2）エ

問9　（1）（例）働き方を改善するためにトラックドライバーの時間外労働の規制が強化されることにより、物流が滞り、輸送量が減る心配がある。〈59字〉
　　（2）（う）プライバシー　（え）ハラスメント　【それぞれカタカナ6字指定】
　　（3）学童保育　【漢字4字指定】

問10　（1）（例）女性は、ほとんどが育児休業を6か月以上取得しているのに対して、男性は約半数が2週間未満しか取得しておらず、また育休を取得しても、家事や育児に十分な時間を割いていない状況のこと。
　　（2）（例）女性の就業率は結婚や出産の時期に下がり、育児が落ち着いた時期に再び上昇する「M字カーブ」を描いていたが、仕事と子育てを両立できる環境が整備されるとともに改善されてきた。一方、女性の正規雇用比率は20代後半をピークに低下する「L字カーブ」の状態が続いている。これは出産・育児による働き方の制約が女性に集中していることや、出産を機に一時的に退職した女性が正規雇用として職場に戻るのは難しいことを示している。

問11　ア

問12　（1）団塊　【漢字2字指定】　（2）ウ
　　（3）（例）かつては信用不安の生じた銀行に、預金者が直接、自分の預金を引き出すために押し寄せていたが、デジタル化が進んだ近年では、SNSなどを通じて経営不安の情報が急速に広まり、インターネット経由での手続きによる預金の引き出しが集中するようになった。

153

問13　（例）結論を急ぎすぎると、安易に多数決による意思決定が行われ、現在の多数派にとってのみ都合の良い政策が実行されるおそれがある。社会全体に大きな影響を与える政策であればあるほど、議論を尽くして少しでも多くの人が納得できる案にしていく必要性がある。

配点
★　問2(5)、問5、問6(2)(3)、問10(1)　各4点×6＝24点
問3、問9(1)　各6点×2＝12点
問10(2)、問12(3)　各8点×2＝16点
問13　10点
その他　各2点×19＝38点　　　　　（★計100点）

国際

1

問1　（あ）農　（い）産　【それぞれ漢字1字指定】
問2　スーダン共和国：ウ　ニジェール共和国：ア　赤道：B　問3　エ
問4　(1)（例）日本を含む先進国では中国製品が多く使われているということ。
　　　(2)（例）貿易船は、造船国や船籍国などがそれぞれ異なり、また、それらの国々とも異なる国どうしの間を航行していることもある。そのため、どの国がどれほどの温室効果ガスを排出しているのか算出するのが困難だから。
問5　（例）安全な飲料水を確保できるようになって健康被害が減少し、また、汚水が拡散せず決まった部分を流れるようになって、感染症などの発生も抑えられるから。
問6　課題X：（例）肥満や高血圧などの生活習慣病　　課題Y：（例）飢餓や食糧不足による栄養失調
問7　(1)（例）ロシアがウクライナの領土であるクリミア半島を併合し、その分、人口が増えたと主張したから。
　　　(2)　エ

2

問1　（あ）イスラエル　（い）長崎　問2　エ　問3　(1) オ　(2) イ
問4　(1) 条約：マーストリヒト　本部：ブリュッセル　【それぞれカタカナ指定・完答】
　　　(2) ア・イ　【順不同・完答】
問5　（例）戦闘で兵器や兵士を失っても、自国が損害を受けたことにはならないので、戦争に対して否定的な世論を抑え込むことにつながるからだと考えられる。
問6　キ
問7　(1) ウ
　　　(2)（例）大都市に比べてデモによる混乱やテロを防止するための警備が容易であるというメリットがある。
問8　（例）核兵器を持つアメリカの同盟国であることで、日本の安全が守られているという実態があるから。
問9　B・C・D　【順不同・完答】
問10　(1) エ
　　　(2)（例）核廃絶を希求する広島平和記念資料館に、核ミサイルの発射ボタンとされるものが持ち込まれたとみられるから。
問11　（例）実際に被爆者に会って聞いた話を文書として記録したり、あるいは音声情報として残したりすることが必要だと思う。それらの記録を守るだけではなく、活用することで戦争の記憶を語り継いでいくことができると思う。

154

配点
1 問1～問3 　各2点×6＝12点　　問6、問7(2)　各3点×3＝9点
　 問4(1)、問5、問7(1)　各4点×3＝12点
　 問4(2)　7点　（1 計40点）
2 問1、問2、問3、問4、問6、問7(1)、問9、問10(1)　各3点×11＝33点
　 問5、問10(2)　各6点×2＝12点
　 問7(2)、問8　各4点×2＝8点　　問11　7点　（2 計60点）

○周年・その他

問1　（あ）　大隈重信　　（い）　福沢諭吉　　（う）　渋沢栄一　【いずれも漢字指定】
問2　(1)　（例1）仙台などの都市では、8月7日を中心に七夕まつりを開催している。
　　　　　　（例2）会社や商店などは、8月15日を中心に盆休みをとっている。
　　　(2)　（例）1日を24時間とする定時法が採用された。
問3　（例）旧暦明治5年12月と、旧暦明治6年の閏月の給料を払わずにすんだということ。
問4　ア：B　　イ：A　　ウ：A　　エ：B　【完答】
問5　ウ
問6　(1)　イ→エ→オ→ウ→ア　【完答】
　　　(2)　複合遊具：（例）限られた敷地を有効活用でき、多様な遊び方ができるため。
　　　　　　健康器具系施設：（例）少子高齢化の進行で公園を利用する高齢者が多くなったため。
問7　(1)　（ア）銀　　（イ）両替　　（ウ）分銅　【いずれも漢字指定】
　　　(2)　イ・オ　【順不同・完答】
問8　(1)　目の不自由な人：（例）指の感触で判別する斜線のマークの位置を、紙幣の種類ごとに変えている。
　　　　　　訪日外国人：（例）紙幣の額面を示すアラビア数字の部分を大きくしている。
　　　(2)　ウ・エ　【順不同・完答】
問9　大正12年
問10　(1)　三・一独立運動
　　　(2)　（例）インターネット上の特定のコメント欄などに、誹謗中傷を含む投稿が集中すること。
問11　(1)　後藤新平　【漢字指定】
　　　(2)　（例）昼食時で火を使っていた家庭が多かったことなどから出火し、台風の通過に伴う強風にあおられて燃え広がったため、復興事業では延焼を食い止める効果のある大小の公園のほか、幅の広い道路が建設された。
問12　360（円）　【算用数字指定】
問13　ドルと金の交換停止
問14　円高・円安のような為替の変動に合わせて、円そのものが商品のように売り買いされるようになったから。
問15　けまり　【ひらがな3字指定】
問16　ア：⑤、⑩、⑫　【順不同・完答】　　イ：⑰
問17　(1)　所有者：（例）売却による収入で、スタジアムの維持・管理にかかる負担が軽減できる。
　　　　　　企業：（例）宣伝効果と、企業イメージの向上が期待できる。
　　　(2)　（例）以前に比べて所在地や施設の機能などがわかりにくくなること。

2

問1　（例）空中写真を撮影する
問2　ウ
問3　ア：大韓民国　　イ：ロシア連邦　　ウ：中華人民共和国　【完答】
問4　（例）干潮の時間に出現する砂州を歩いて島まで渡れること。
問5　島の名前：（例）南鳥島
　　　理由：（例）この島があることで、日本は国土面積を上回る排他的経済水域を設定することができるほか、近年は、近海にレアアースが豊富に埋蔵されていることも確認されているから。
【島名・理由は完答】

1 問1、問4、問5、問6(1)、問7、問8(2)、
　問9、問10(1)、問11(1)、問12、
　問15、問16　各2点×18＝36点
　問2、問3、問6(2)、問8(1)、問13、
　問14、問17　各3点×13＝39点
　問10(2)、問11(2)　各5点×2＝10点
　　　　　　　　　　　　　　　（1 計85点）
2 問2、問3　各2点×2＝4点
　問1、問4　各3点×2＝6点
　問5　5点　　　　　　　　　　（2 計15点）

理科

1

問1　C→D→A→B→E　【完答】
問2　(1)　①ーイ　②ーウ　③ーカ　④ーオ　【完答】
　　　(2)　①　イ
　　　　　②　（例）上空の気温が低く地表付近の気温が高いので、強い上昇気流が起こりやすく、垂直方向に雲が発生するから。〈49字〉
　　　(3)　記録的短時間大雨情報　【漢字10字指定】
問3　沸騰　　問4　(1)　線状降水帯　【漢字5字指定】　(2)　キキクル　【カタカナ指定】
問5　大雨特別警報　【漢字6字指定】
問6　熱中症警戒アラート
問7　ウ
問8　(1)　①ー強風　②ー15　【完答】　③ー暴風警戒　④ー25　【完答】
　　　(2)（例）台風に吹きこむ風の向きと、台風の進行方向が同じになるため。
　　　(3)（例）海面からの水蒸気の供給がなくなるため。
　　　(4)（例）水資源をもたらし、水不足が解消される点。

2

Ⅰ
問1　(1)　①　ア　　②　エ
　　　(2)　イ

問2　(1)　①　ア　　②　カ・キ　【順不同・完答】
　　　(2)　（例）皆既日食になっており，地球の縁が赤く見える。
問3　イ・ウ・オ　【順不同・完答】
問4　イ

Ⅱ
問5　土星
問6　(1)　ウ　　(2)　イ　　(3)　イ
問7　(1)　金星・地球　【順不同・完答】
　　　(2)　①　水星　　②　みお　【ひらがな指定】
問8　(1)　木星
　　　(2)　8

3

問1　①ーオ　②ーウ　③ーア　④ーイ　【完答】
問2　⑤ー7　⑥ー10　【完答】
問3　(1)ーC　(2)ーA　(3)ーB　【完答】
問4　(1)　プレート　【カタカナ指定】　　(2)（図）1　　(3)　活断層　【漢字指定】
問5　ウ
問6　波X ー 8（km／秒）　　波Y ー 4（km／秒）
問7　9（時）45（分）30（秒）
問8　初期微動継続時間　【漢字指定】
問9　80
問10　緊急地震速報
問11　（例）震源が近く、速報が主要動を引き起こすS波の到達より後になることがあるため。

配点
１　問2(2)②　5点
　　その他　各3点×15＝45点（ １ 計50点）
２　問4　2点
　　その他　各3点×16＝48点（ ２ 計50点）
３　問4　各2点×3＝6点
　　その他　各4点×11＝44点（ ３ 計50点）

さくいん

あ行

- RCEP……………………………………55〜56
- IPEF……………………………………55〜56
- アカミミガメ………………………16, 77, 99, 140
- アジア競技大会……………………82〜83, 137, 141
- ASEAN…………………………………55〜56
- アニマルウェルフェア（動物福祉）………………24
- アメリカ航空宇宙局（NASA）………88, 100, 141
- アメリカザリガニ…………………16, 77, 99, 140
- アラブの春………………………………………53
- イスラム教徒……………………………………51, 53
- （香港の）一国二制度………………………51, 138
- インド……………2, 8〜11, 13, 39, 42〜43, 48〜49, 55〜56, 93, 136, 140, 141, 143, 144, 147
- インド太平洋経済枠組み（IPEF）……………55〜56
- インバウンド（消費）………………………84〜85
- インフレーション（インフレ）……………………22
- ウイグル族………………………………………51
- ウクライナ……5, 8〜9, 12〜13, 22, 23, 26, 38, 39, 40〜47, 53, 55, 74, 83, 136, 138, 140, 144, 147
- 失われた30年……………………………………22
- 宇宙航空研究開発機構（JAXA）
   ……………………………77, 92〜93, 100, 139
- 宇宙飛行士………………………77, 92〜93, 139, 141
- 宇都宮ライトレール…………………80〜81, 135, 141
- エコバッグ（マイバッグ）………………………71
- エッグショック……………………………22, 24
- エッセンシャルワーカー………………………151
- 円高・円安………………………………22〜24, 138
- （第一次・第二次）オイルショック（石油危機）
   …………………………………………14, 23, 146
- 欧州連合（ヨーロッパ連合）………8〜15, 25, 38, 42〜43, 54〜55, 69, 89, 138, 139, 144
- オーバーツーリズム（観光公害）………………85
- OSIRIS-REx……………………………100, 141
- オバマ（アメリカ元大統領）…………10, 14〜15, 144
- オリンピック………………33, 83, 135, 137, 138, 141, 143
- （地球）温暖化……4, 9, 66〜69, 71, 88〜89, 144, 145
- 温室効果（ガス）………………66〜69, 71, 138, 145, 148

か行

- カーボンニュートラル………………66〜67, 69, 138
- 皆既月食…………………………………………139
- 皆既日食………………………………………94〜95
- 外国人観光客………………………………6, 84〜85
- 外国人労働者…………………………………84〜86
- 買い物弱者……………………………………149
- （中国の）海洋進出………………………8〜9, 50〜51
- 外来種、外来生物………………16, 56, 77, 99, 140
- 貨客混載……………………………………7, 148
- 核拡散防止条約（NPT）……………………10〜11
- 格差社会…………………………………………22
- 核兵器……2, 8, 10〜11, 12, 13, 14, 27, 39, 40, 45, 46, 136, 138, 140, 144, 145, 147
- 核兵器禁止条約………………………10〜11, 138, 144
- 化石燃料……………………………23〜24, 66〜69, 74
- 観光公害（オーバーツーリズム）………………85
- 関税………………………………………54〜56
- 環太平洋パートナーシップ協定（TPP）
   ……………………………………38, 54〜56, 136, 141
- 関東大震災………………6, 58〜59, 60〜65, 141, 146
- 危機遺産…………………………………………47
- 気候変動………………4, 9, 66〜69, 71, 88〜89, 144, 145
- 気候変動に関する政府間パネル（IPCC）
   ………………………………………67, 144, 145
- 気候変動枠組み条約……………66〜67, 136, 139, 141, 145
- 岸田文雄（首相）……2, 8〜12, 26, 30, 38, 72〜73, 78, 138, 139, 140, 141
- 期日前投票………………………………………21
- 北里柴三郎……………………………………28〜29, 143
- 北大西洋条約機構（NATO）
   ……………5, 11, 13, 26, 39, 40〜45, 53, 136, 140
- （外国人）技能実習生、技能実習制度………84〜86
- きぼう……………………………………………93
- 拒否権…………………………………………40〜42
- 金環皆既日食………………………………94〜95, 140
- 金環日食………………………………………94〜95
- 緊急地震速報………………………………27, 64, 139
- 金融緩和………………………………………22〜23
- クアッド…………………………………………9
- グテレス（国連事務総長）……………39, 88〜89
- グラスゴー気候合意……………………………66〜67
- クラスター爆弾…………………………………46
- グリーン・トランスフォーメーション（GX）…74
- クリミア半島……………………………13, 15, 41, 147
- クルードラゴン………………………………93, 141
- クルド人………………………………………44〜45
- グローバルサウス……………………13, 39, 42
- 経済連携協定（EPA）……………………………56
- 月食…………………………………94〜95, 139, 141
- 原爆死没者慰霊碑………………………2, 8, 10, 12, 14
- 原爆資料館（広島平和記念資料館）
   ………………………………2, 8, 10, 12, 14, 140
- 原子力規制委員会………………………………74
- 原子力発電所（原発）……3, 13, 25, 38, 39, 47, 67, 68, 72〜74, 84, 135, 140, 141
- 合計特殊出生率………………………48, 78〜79
- 交通弱者……………………………………149
- 国際宇宙ステーション（ISS）
   ………………………………77, 92〜93, 139, 141
- 国際刑事裁判所（ICC）……………39, 46〜47, 140
- 国際原子力機関（IAEA）……………11, 39, 72〜73, 144
- 国際サッカー連盟（FIFA）………………82〜83
- 国際司法裁判所………………………………41, 46
- 国際法………………………………8, 12, 45〜46
- 国際連合（国連）……5, 8, 11, 12, 27, 39, 40〜43, 45, 47, 48〜49, 53, 66, 88〜89, 135, 139, 144, 148, 150, 152
- 安全保障理事会…………………27, 40〜43, 139
- 環境開発会議（地球サミット）……………66
- 教育科学文化機関（ユネスコ）
   ………………………47, 135, 139, 150, 152
- 憲章………………………8, 12, 39, 41, 42, 45
- 事務総長……………………………39, 88〜89, 144
- 総会………………………11, 41, 42, 53, 148
- 難民高等弁務官事務所（UNHCR）…………53
- 国内総生産（GDP）………………14, 26, 49, 54〜56
- 国民栄誉賞………………………………140, 148〜149
- 黒海……………………………………13, 46〜47, 53
- COP…………………………66〜67, 136, 139, 141
- 後藤新平…………………………………………61
- こども家庭庁……………………………7, 30〜31, 140
- こども基本法…………………………………30〜31
- こども食堂………………………………………31, 149
- 子どもの権利条約……………………………30〜31
- 「昆虫記」………………………………………100
- コンパクトシティ……………………………149

さ行

- 再生可能エネルギー…………………7, 66, 68〜69
- SAF………………………………………………69
- サプライチェーン……………………………8, 56
- （G7, G8, G20）サミット
   ……………2, 8〜15, 38, 39, 134, 136, 140, 141
- 産業革命……………………………66〜67, 143
- 三重水素（トリチウム）……………………72〜73, 135
- ジェノサイド……………………………………46
- ジェンダー（アイデンティティ）……………2, 36
- シャッター通り………………………………149
- （食料）自給率…………………………………25
- 自然災害伝承碑…………………………………65
- 持続可能な開発…………………………………66
- 持続可能な開発目標（SDGs）…………71, 93, 148
- 持続可能な航空燃料（SAF）……………………69
- 渋沢栄一………………………………………28〜29
- 習近平（中国国家主席）………39, 50〜51, 137, 140
- 就職氷河期世代…………………………………22
- 自由で開かれたインド太平洋……………………9
- 自由貿易…………………………………………56
- 自由貿易協定（FTA）……………………………56
- 出入国管理及び難民認定法（入管難民法）…84〜86
- 首都直下地震…………………………………60〜61
- 主要7か国首脳会議（G7サミット）
   ……………………2, 8〜15, 38, 134, 136, 140
- 主要20か国・地域首脳会議（G20サミット）
   ………………………………………39, 136, 141
- 少子（高齢）化………………3, 48〜49, 78〜79, 84, 139
- 消費者物価指数…………………………………23
- 小惑星（リュウグウ、ベンヌ）………………100, 141
- 食品ロス（フードロス）………………………149
- （福島第一原発の）処理水
   ……………………………3, 25, 39, 72〜74, 135, 141
- ショルツ（ドイツ首相）…………………8〜9, 38
- シリア……………………42〜43, 47, 52〜53, 136, 139
- 新型コロナウイルス感染症………6, 81, 82, 83, 84, 137, 138, 140, 143, 148, 151
- 新疆ウイグル自治区……………………………51
- （対話型生成）人工知能（AI）………4, 9, 139, 149
- 震災遺構…………………………………………65
- 新紙幣……………………………6, 28〜29, 141, 147
- 森林火災（山火事）………4, 38, 56, 59, 67, 89, 137, 141
- 水星……………………………………………100
- 水素自動車………………………………………69
- スウェーデン………………………………44〜45, 136
- スーパーコンピュータ…………………………98
- ステルス値上げ…………………………………23
- スナク（イギリス首相）……………8〜9, 38, 138
- すばる望遠鏡………………………………56, 98
- SLIM………………………………92〜93, 134, 141
- 世界遺産……8, 14, 40, 47, 96〜97, 135, 136, 150, 152
- 世界気象機関（WMO）…………………………89
- 世界ジオパーク………………………………134, 150
- 世界農業遺産………………………………134〜135, 150
- 世界の記憶………………………………134, 150
- 世界保健機関（WHO）…………………………143
- （第一次・第二次）石油危機（オイルショック）
   …………………………………………14, 23, 146
- ゼレンスキー（ウクライナ大統領）
   ……………………8〜9, 12〜13, 38, 136, 140
- 尖閣諸島………………………………26〜27, 50〜51
- 全国瞬時警報システム（Jアラート）………27, 140
- 線状降水帯………………………………59, 90〜91, 98
- 戦争犯罪…………………………………40, 45〜47
- 相対的貧困………………………………………31

158

ソーラーパネル(太陽光パネル)
················· 7, 51, 66, **68〜69**
ソビエト社会主義共和国連邦(ソ連)
················· 11, 15, **40〜42**, 44, 93, 138, 144, 146

た行

第三セクター ·················80, 134
台風 ················· 59, 67, 89, **90〜91**, 141
太陽光パネル(ソーラーパネル)
················· 7, 51, 66, **68〜69**
台湾 ················· 9, 15, 26〜27, **51**, 55, 141
脱ガソリンエンジン車 ················· 66, 69
脱石炭火力 ················· 66〜68
脱炭素社会 ················· 68, 74
縦割り行政 ················· 30
団塊ジュニア世代 ················· 78
(北朝鮮の)弾道ミサイル ·······**26〜27**, 137, 140
地域的な包括的経済連携(ＲＣＥＰ)·······55〜56
力による一方的な現状変更 ················· 9, 51
地球サミット(国連環境開発会議) ·········66
チャールズ３世(イギリス国王) ·········39, 140
長周期地震動 ················· **64**, 139
津田梅子 ················· 28〜29
津波
·····6, 27, 56, 58, 61, 62, 63, **65**, 96, **146**, 147, 151
冷たい戦争(冷戦) ················· **15**, 44
敵基地攻撃能力(反撃能力) ·······5, **26〜27**, 139
デジタル庁 ················· 30, **36**, 138
デフレーション(デフレ) ················· 22
デフレ・スパイラル ················· 22
テレワーク(リモートワーク) ·········81, **151**
電気自動車 ················· 69
統一地方選挙 ·····**20〜21**, **32〜33**, 134〜**135**, 140
東南アジア諸国連合(ＡＳＥＡＮ) ·········55〜56
投票率 ················· 20〜21, 32〜33
動物福祉(アニマルウェルフェア) ·········24
(条件付き)特定外来生物 ·······**16**, 77, **99**, 140
特定技能 ················· 84〜86
特定非営利活動法人(ＮＰＯ法人) ·······31, 149
(大雨)特別警報 ················· 27, **90〜91**, 141
土星 ················· 98
鳥インフルエンザ ················· 22, 24〜25, 143
トリチウム(三重水素) ·········**72〜73**, 135
トルコ ·········39, 42, 44〜45, **52〜53**, **96〜97**, 136, 139
トルドー(カナダ首相) ················· 8〜9, 38

な行

ＮＡＳＡ ················· 88, 100, 141
ＮＡＴＯ ·····5, 11, 13, 26, 39, **40〜45**, 53, 136, 140
南海トラフ地震 ················· 60〜64
南沙諸島 ················· 50〜51
難民・避難民 ·········45, 52〜53, 84〜86
二酸化炭素(ＣＯ₂) ·······**66〜69**, 71, 73, 145, 148
日食 ················· **94〜95**, 140
日本銀行 ················· **22**, 28
入管難民法(出入国管理及び難民認定法) ·····84〜86
ネオジム磁石 ················· 98
熱中症(警戒アラート) ·········59, **88〜89**, 141
燃料電池車 ················· 69
ノーベル賞 ·········29, **144〜145**, 147

は行

バイデン(アメリカ大統領) ····8〜9, 14, 38, 46, 56
ハイブリッド車 ················· 69
ハザードマップ ················· 58〜59, 151
バス高速輸送システム(ＢＲＴ) ·······**80〜81**, 134
働き方改革 ················· 148
はやぶさ２ ················· 100
パラリンピック ·········33, 83, 135, 138, 141, 149
バリアフリー(化) ················· 81
パリ協定 ················· 66
ハリケーン ················· 56, 67, 99
ハワイ ················· **56**, 98, 137, 141
反撃能力(敵基地攻撃能力) ·········5, **26〜27**, 139
万国博覧会(万博) ················· 29, 134
阪神・淡路大震災 ················· 58, 61, 65
東日本大震災
················· 26, 32, 58, **61〜65**, 72, 84
非正規雇用(者) ················· 22
(中国の)一人っ子政策 ················· 48
広島 ················· 2, **8〜15**, 38, 134, 136, 140
ファーブル ················· 100
ＦＩＦＡ ················· 82〜83
フィンランド ·········5, 39, **44〜45**, 136, 140
プーチン(ロシア大統領) ·········15, 39, 40, **46**, 140
フードバンク ················· 31, 149
フードロス(食品ロス) ················· 149
風評被害 ················· 72〜73
プッシュ型 ················· 36
物流2024年問題 ················· 7, 148
部分月食 ················· **94〜95**, 141
部分日食 ················· **94**, 140
(海洋)プラスチック(ごみ)
················· 23, **70〜71**, 138, 145
プラスチック資源循環促進法 ·········**70〜71**, 138
ＢＲＩＣＳ ················· 39, 46, 141
ふるさと納税(制度) ················· 151
プレート ·········52, 60〜62, 96〜97
(第二次)ベビーブーム ················· 78
ベンヌ ················· **100**, 141
貿易赤字 ················· 22〜24
防災の日 ················· 58, 60
北陸新幹線 ················· **80〜81**, 134, 141
保護貿易 ················· 56
香港(国家安全維持法) ·········**25**, **51**, 73, 138, 143

ま行

マイクロプラスチック ················· 70
マイナンバーカード、マイナンバー制度
················· 5, **34〜36**
マイバッグ(エコバッグ) ················· 71
マグニチュード ·········52, 60〜**61**, **63**, 64, 96〜97
マクロン(フランス大統領) ·········8〜9, 38
真夏日 ················· 88
みお(ＭＭＯ) ················· 100
ミャンマー ·········85〜86, 136, 138, 144
無形文化遺産 ················· 139, 152
メディア・リテラシー ················· 152
メディケーン ················· 99
メローニ(イタリア首相) ·········8〜9, 14, 38, 138
猛暑(日) ·········4, 59, **88〜89**, 138
木星 ················· 95, 98, 100
モロッコ ·········59, **96〜97**, 136, 141

や行

山火事(森林火災) ·····4, 38, **56**, 59, 67, 89, 137, 141
ヤングケアラー ················· 31
ユーロ ·········38, **54〜55**, 139

ユネスコ ·········47, 135, 139, 150, 152
尹錫悦(韓国大統領) ·········9〜10, 39, 73, 138
ヨーロッパ連合(ＥＵ)·······**8〜15**, 25, 38, 42〜43,
54〜55, 69, 89, 138, 139, 144
(核による)抑止力 ················· 10

ら行

リニア中央新幹線·········33, 80, 134〜135, **152**
リビア ················· 59, **99**, 136, 141
リモートワーク(テレワーク) ·········81, **151**
リュウグウ ················· 100
冷戦(冷たい戦争) ················· **15**, 44
レジ袋(の有料化) ·········**70〜71**, 138
(次世代型)路面電車(ＬＲＴ)
················· **80〜81**, 135, 141, 149

わ行

(サッカー、ラグビー)ワールドカップ
················· 76, **82〜83**, 137, 139, 141
ワールド・ベースボール・クラシック(ＷＢＣ)
················· 76, **82〜83**, 140

アルファベット

ＡＩ ················· 4, 9, 139, **149**
ＡＳＥＡＮ ················· 55〜56
ＢＲＩＣＳ ················· 39, 46, 141
ＢＲＴ ················· **80〜81**, 134
ＣＯ₂ ·······**66〜69**, 71, 73, 145, 148
ＣＯＰ ·······**66〜67**, 136, 139, 141
ＥＰＡ ················· 56
ＥＵ ·······**8〜15**, 25, 38, 42〜43, **54〜55**,
69, 89, 138, 139, 144
ＦＩＦＡ ················· 82〜83
ＦＴＡ ················· 56
Ｇ７(８)サミット·······2, **8〜15**, 38, 134, 136, 140
Ｇ20サミット ················· 39, 136, 141
ＧＤＰ ················· 14, 26, 49, 54〜56
ＧＸ ················· 74
Ｈ-ⅡＡロケット ·········**92〜93**, 134, 141
ＩＡＥＡ ·········11, 39, **72〜73**, 144
ＩＣＣ ·········39, **46〜47**, 140
ＩＰＣＣ ················· **67**, 144, 145
ＩＰＥＦ ················· 55〜56
ＩＳＳ ·········77, **92〜93**, 139, 141
Ｊアラート ················· **27**, 140
ＪＡＸＡ ·········77, **92〜93**, 100, 139
ＬＧＢＴ(理解増進法) ·····2, 9, **36**, 86, 140
ＬＲＴ ·········**80〜81**, 135, 141, 149
ＭＭＯ ················· 100
ＮＡＳＡ ················· 88, 100, 141
ＮＡＴＯ ·····5, 11, 13, 26, 39, **40〜45**, 53, 136, 140
ＮＰＯ法人 ················· 31, 149
ＮＰＴ ················· 10〜11
ＯＳＩＲＩＳ-ＲＥx ·········**100**, 141
ＲＣＥＰ ················· 55〜56
ＳＡＦ ················· 69
ＳＤＧｓ ················· 71, 93, **148**
ＳＬＩＭ ·········**92〜93**, 134, 141
ＴＰＰ ·········38, **54〜56**, 136, 141
ＵＮＨＣＲ ················· 53
ＷＢＣ ················· 76, **82〜83**, 140
ＷＨＯ ················· 143
ＷＭＯ ················· 89

159

〈写真提供〉
AFP ＝時事
ANP Photo/ アフロ
AP/ アフロ
Bridgeman Images/ アフロ
CS3/ECMMF
EPA ＝時事
JAXA
JAXA/NASA
Lehtikuva
MeijiShowa/ アフロ
NASA/JPL/Space Science Institute
JAXA/NASA/Dan Gallagher
photolibrary
Rodrigo Reyes Marin/ アフロ
Sience Photo Library
Sience Photo Library/ アフロ
SPUTNIK/ 時事通信フォト
The New York Times/Redux/ アフロ
U.S.Army/The New York Times/ アフロ
ZUMA Press
ZUMA Press/ アフロ
朝日新聞社 / 時事通信フォト
アフロ
指宿市観光課
外務省 / ロイター / アフロ
気象庁
共同
神戸市環境局環境創造課
国民生活センター
国立印刷局
国立国会図書館
国立天文台
国立保健医療科学院図書館
後藤新平記念館
時事
消費者安全調査委員会
新華社 / アフロ
西村尚己 / アフロスポーツ

日刊スポーツ / アフロ
富士通株式会社
毎日新聞社
毎日新聞社 / アフロ
読売新聞 / アフロ
ロイター / アフロ

〈参考文献〉
日本国勢図会 2023/24（矢野恒太記念会）
日本のすがた 2023（矢野恒太記念会）
世界国勢図会 2023/24（矢野恒太記念会）
データでみる県勢 2023（矢野恒太記念会）
数字でみる日本の 100 年（矢野恒太記念会）
地理統計要覧 2023 年版（二宮書店）
朝日キーワード 2024（朝日新聞出版）
現代用語の基礎知識　学習版 2023－2024（自由国民社）
最新図説　政経（浜島書店）
理科年表　2023 年版（丸善）

〈イラスト〉
クリエイティブ・ノア

〈編集協力〉
株式会社シナップス

〈デザイン・DTP〉
株式会社シーアンドシー

※10 月 10 日現在の状況をもとに制作しています。

2024 年中学入試用　サピックス　重大ニュース

2023 年 11 月 1 日 初版第一刷発行

企画・編集　　サピックス小学部
　　　　　　　〒 151 - 0053　東京都渋谷区代々木 1 - 27 - 1
　　　　　　　☎ 0120 - 3759 - 50
発 行 者　　髙宮英郎
印刷・製本　　三松堂株式会社
発 行 所　　代々木ライブラリー
　　　　　　　〒 151 - 0053　東京都渋谷区代々木 1 - 38 - 9　3 階
　　　　　　　☎ 03 - 3370 - 7409

©SAPIX 2023 ISBN978-4-86346-345-5 Printed in Japan　無断転載を禁ず

2023年時事用語 一問一答カード

名前 ＿＿＿＿＿＿＿

関東大震災発生の翌日に発足した内閣において、内務大臣兼帝都復興院総裁として震災からの復興に貢献した人物の名前を漢字で答えなさい。

国の機関や地方公共団体が規則などを定めようとする際に、広く意見・改善案などを募集する手続きを何といいますか。カタカナで答えなさい。

政府が定期的に一定の現金をすべての国民に支給し、最低限の所得を保障するしくみを一般に何といいますか。カタカナで答えなさい。

希望する夫婦には、結婚後もそれぞれ以前の姓（名字）を名乗ることを認める制度の導入が議論されています。この制度を一般に何といいますか。漢字4字で答えなさい。

これまで内閣府や厚生労働省などがばらばらに行ってきた子ども政策をまとめて実施するため、2023年4月に内閣府の外局として設置された行政機関を何といいますか。

インターネットなどの情報通信技術（ICT）を活用し、自宅など会社から離れた場所で働く勤務形態を何といいますか。カタカナで答えなさい。

国連安全保障理事会の非常任理事国に、加盟国中最多の12回選出されている国はどこですか。

成年年齢を「18歳以上」と定めている法律の名前を答えなさい。

消費税率が10％に引き上げられた後も、酒類や外食など一部を除く食品全般などの税率は8％のままですが、このように標準税率よりも低く抑えた税率のことを何といいますか。

地方公共団体を自由に選んでそこに寄付をすると、その人が現在住んでいる地方公共団体に納める住民税や、国に納める所得税が軽減される制度を一般に何といいますか。

地震・津波・弾道ミサイル発射などの緊急情報を、人工衛星を経由して政府が地方公共団体にすばやく伝達するしくみを何といいますか。

沖縄県名護市の辺野古地区への移設工事が進められている、沖縄県宜野湾市にあるアメリカ軍の施設は何ですか。

少子高齢化が進行する社会において、有権者のうち高い割合を占める高齢者向けの政策が優先されるなど、高齢者の影響力が強くなった政治のあり方を一般に何といいますか。

2023年度予算の一般会計歳出において、最も高い割合を占めている項目は何ですか。

文部科学省の外局のひとつで、2023年3月に本庁が東京から京都に移転した行政機関の名前を答えなさい。

参議院議員通常選挙で導入されている、政党が比例代表の立候補者の一部を優先的に当選させる人に指定できるしくみを何といいますか。

2018年に成立した、国政選挙や地方選挙での候補者数をなるべく男女均等にするよう、政党に努力義務を課した法律を一般に何といいますか。

旧ロシア帝国の宮殿で、現在もロシア連邦の大統領府などが位置する場所を何といいますか。

国際的にはウクライナの領土とされているものの、実際には2014年にロシアに併合されていて、その支配が続いている半島の名前を答えなさい。

1986年に大規模な事故が発生し、現在も厳重な管理が必要とされているが、2022年2～3月にはロシア軍に一時占拠された原子力発電所の名前を答えなさい。

後藤新平

民法

文化庁

○ ○ ○

パブリックコメント

軽減税率

特定枠

○ ○ ○

ベーシックインカム

ふるさと納税制度

政治分野における男女共同参画推進法（候補者男女均等法）

○ ○ ○

夫婦別姓（夫婦別氏）

全国瞬時警報システム（Jアラート）

クレムリン

○ ○ ○

こども家庭庁

普天間飛行場（普天間基地）

クリミア半島

○ ○ ○

テレワーク（リモートワーク）

シルバー民主主義

○ ○

日本

社会保障関係費

チョルノービリ（チェルノブイリ）原子力発電所

○ ○ ○

○ インターネットを通じて事業などへの支援を呼び掛け、その事業を応援する人々から資金を集めるしくみを何といいますか。カタカナで答えなさい。

○ 製品の原材料や部品の調達から、製造、在庫、配送、販売までの一連の流れを何といいますか。カタカナで答えなさい。

○ 日本の政府開発援助（ODA）の実施機関の1つとして、おもに発展途上国への技術協力や資金協力を担っている組織を何といいますか。

○ 2024年から首都機能の移転が始まるインドネシアの新首都ヌサンタラは、何という島に建設されますか。

○ 東南アジア諸国連合（ASEAN）への加盟が内定している、2002年に独立した東南アジアの国の名前を答えなさい。

○ 2023年7月、軍によるクーデターで大統領が約束され、日本では外務省から首都への渡航中止勧告が出された、サハラ砂漠南部に位置する西アフリカの国の名前を答えなさい。

○ アメリカ・日本・インド・オーストラリアの4か国による、「自由で開かれたインド太平洋」の実現に向けた枠組みを何といいますか。カタカナで答えなさい。

○ 欧米などの先進国より相対的に南に位置するアジア、アフリカ、中南米などの新興国・発展途上国をまとめて一般に何といいますか。カタカナで答えなさい。

○ 2022年1月に発効した、日本、中国、韓国、ASEAN10か国、オーストラリア、ニュージーランドが参加する「地域的な包括的経済連携」の略称をアルファベットで答えなさい。

○ 2023年7月にイギリスの加盟が正式に承認され、アメリカを除く太平洋沿岸などの12か国による経済連携協定を何といいますか。

○ これまで軍事的中立を守ってきた北ヨーロッパのフィンランドが2023年に加盟した、ヨーロッパと北アメリカの国々による軍事同盟を何といいますか。

○ 発言や行動によって相手を不快にさせたり、尊厳を傷つけたりする、「嫌がらせ」などの意味を持つ言葉を何といいますか。カタカナで答えなさい。

○ 国連難民高等弁務官事務所（UNHCR）の発表によると、紛争や迫害により故郷を追われ、国内の別の場所に避難した人などの数は、2022年末でどのくらいでしたか。

○ 被災した地方公共団体の復旧事業に対する国の補助率を上げるために国が指定する、特に被害が大きい災害を何といいますか。

○ 2023年の日本でのG7サミットは、どの都市で開かれましたか。

○ 国連で2017年7月に120か国以上の賛成を得て採択され、2021年1月に発効した、核兵器の開発、保有、使用などを初めて法的に禁止した条約を何といいますか。

○ 生態系への悪い影響が心配される、紫外線や波などで劣化して細かく砕かれたプラスチック粒のことを何といいますか。

○ 2023年9月1日に発足した、新たな感染症危機に備えてその対策を一元的に担う行政機関の名前を答えなさい。

○ 新型コロナウイルスやインフルエンザウイルスなどによる感染症が世界的に大流行することを何といいますか。カタカナで答えなさい。

○ 2023年5月、イギリスで1953年以来70年ぶりに国王・女王の戴冠式が行われました。今回即位したイギリスの国王の名前を答えなさい。

○ 2022年5月に大韓民国（韓国）の大統領に就任した人物の名前を答えなさい。

クラウドファンディング ○	グローバルサウス ○	広島市 ○
サプライチェーン ○	RCEP ○	核兵器禁止条約 ○
国際協力機構（JICA）○	環太平洋パートナーシップ協定（TPP）○	マイクロプラスチック ○
カリマンタン島（ボルネオ島）○	北大西洋条約機構（NATO）○	内閣感染症危機管理統括庁 ○
東ティモール ○	ハラスメント ○	パンデミック ○
ニジェール ○	約1億840万人 ○	チャールズ3世 ○
クアッド ○	激甚災害 ○	尹錫悦 ○

○ 本来は大人が担うべき家事や家族の世話、介護などを日常的に行っている18歳未満の子どもを一般に何といいますか。カタカナで答えなさい。

○ 個人の興味・関心に合わせ、正確性よりも注目を集めることを優先した情報発信によって広告収入を得ることを一般に何といいますか。カタカナで答えなさい。

○ 2019年に国土地理院が地図記号を新たに制定した、過去の津波・洪水・噴火などの被災者が後世の人々に教訓を伝えるために建てた石碑などを何といいますか。

○ 電子マネーなどを利用した、現金を使用しない支払いや取り引きのことを一般に何といいますか。

○ 都市内の人口減少にともない、小さな穴があくように空き家や空き地などが点々と増えて、都市の密度が下がっていくことを一般に何といいますか。

○ 日本国憲法第13条で保障されている幸福追求権のうちの1つと考えられる、公権力などから干渉されることなく、個人的な事柄を自由に決定する権利を何といいますか。

○ 団塊ジュニア世代がすべて65歳以上となって高齢者人口がピークに達する一方、生産年齢人口が急減することで起こると懸念される問題を一般に何といいますか。

○ 災害が発生したとき、政府が被災した地方公共団体の要請を待たずに、食料、エアコン、仮設トイレなど、必ず必要になる物資を調達し、被災地に緊急輸送する支援を何といいますか。

○ 過疎化や少子高齢化などにより、人口の50%以上を高齢者が占めるようになったため、社会生活の維持が困難となり、存続が危ぶまれている集落を何といいますか。

○ 自動車の自動運転や防犯システムなど、さまざまな分野での利用が期待され、開発が進んでいる人工知能のことを一般に何といいますか。アルファベット2字で答えなさい。

○ 家電製品や自動車などに通信機能を持たせてデータを集めたり、それに基づいて遠隔操作をしたりする「モノのインターネット」のことを何といいますか。アルファベットで答えなさい。

○ 北海道・東北・北陸などで造られた水産物を新幹線で東京に運ぶなど、本来は「人」を運ぶ鉄道などの交通機関に、「物」も一緒に載せて輸送することを何といいますか。カタカナで答えなさい。

○ 人種・民族・宗教などの異なる個人や集団に対する偏見や憎悪によって引き起こされる、暴力・暴言などの犯罪行為を何といいますか。カタカナで答えなさい。

○ 過去の経験などの影響による、自分自身では意識していなかった思い込みや決めつけに気づくことが、多様性尊重の観点から求められます。こうした偏ったものの見方を何といいますか。

○ 2025年日本国際博覧会(大阪・関西万博)の開催予定地となっており、その跡地にはカジノを含む統合型リゾート(IR)の整備が計画されている、大阪湾の人工島の名前を答えなさい。

○ 2025年11月に日本で初めて開催される、聴覚障害者の国際スポーツ大会を何といいますか。カタカナで答えなさい。

○ パラリンピックの車いすテニス男子で4個の金メダルなどを獲得し、パラスポーツ選手として初めて国民栄誉賞を受賞した人物の名前を答えなさい。

○ 2022年の日本の合計特殊出生率を小数第2位まで答えなさい。また、合計特殊出生率が最も高い都道府県と、最も低い都道府県をそれぞれ答えなさい。

○ 2023年5月に関係する文書類が国連教育科学文化機関(ユネスコ)の「世界の記憶」に登録された、唐に渡り密教の教えを持ち帰った平安時代の僧の名前を答えなさい。

○ 2023年5月に国連教育科学文化機関(ユネスコ)に認定された、石川県にある国内では10件目の世界ジオパークの名前を答えなさい。

○ 2015年に国連で採択された、2030年までに達成すべき17の目標などで構成されている、国際社会共通の目標を何といいますか。

ヤングケアラー ○

アテンション・エコノミー ○

自然災害伝承碑（しぜんさいがいでんしょうひ） ○

キャッシュレス決済（けっさい） ○

（都市の）スポンジ化（とし） ○

自己決定権（じこけっていけん） ○

2040年問題（ねんもんだい） ○

プッシュ型支援（がたしえん） ○

限界集落（げんかいしゅうらく） ○

AI ○

IoT ○

貨客混載（かきゃくこんさい） ○

ヘイトクライム ○

アンコンシャス・バイアス（無意識バイアス）（むいしき） ○

夢洲（ゆめしま） ○

デフリンピック ○

国枝慎吾（くにえだしんご） ○

1.26　最高：沖縄県　最低：東京都 ○

円珍（智証大師）（えんちん）（ちしょうだいし） ○

白山手取川ジオパーク（はくさんてとりがわ） ○

持続可能な開発目標（SDGs）（じぞくかのうなかいはつもくひょう） ○

2021年4月下旬から全国での運用が始まった。暑さ指数が33以上になると予想されるときに、環境省と気象庁が共同で発表する情報を何といいますか。

「暑さ指数」を求めるのに使われる3つの要素を答えなさい。

2023年4月20日に起こった、地表から月までの距離の違いで見え方が異なった天文現象を何といいますか。

日本国内では2023年10月29日に見られた、月の一部のみが地球の本影に入る天文現象を何といいますか。

2023年8月に国際宇宙ステーション(ISS)に行き、約6か月の長期滞在を始めた日本人宇宙飛行士の名前を答えなさい。

「降りたいところへ降りる」引き着陸技術の確立をめざす、日本の小型月着陸実証機の略称を答えなさい。

2023年5月、62個の衛星が新たに発見されたと報告され、太陽系で初めて、確認された衛星の数が100個を超えた惑星の名前を答えなさい。

数十年に一度の現象が要因となり、大雨が予想される場合に気象庁が発表する警報の名称を答えなさい。

数年に一度程度しか発生しないような短時間の大雨を観測したときなどに、各地の気象台が発表する情報を何といいますか。

次々と発生する発達した積乱雲群によってできる、強い雨が降る細長く伸びた領域を何といいますか。

線状降水帯により同じ場所で非常に激しい雨が降り続いている「警戒レベル4」以上の状況で発表される情報を何といいますか。

土砂災害、浸水による被害、洪水による災害の危険度が地図上でひと目でわかるように、気象庁が発表する危険度分布の愛称を答えなさい。

2023年7月から9月にかけて、東京都心では64日連続で記録された、1日の最高気温が30℃以上の日を何といいますか。

2023年7月、国連のグテーレス事務総長は温暖化に強い危機感を示し、「○○○○○の時代」が到来したと語りました。当てはまることばを答えなさい。

原子力施設の安全対策が基準に達しているかどうかを審査する、環境省に属する行政機関を何といいますか。

駿河湾から日向灘沖にかけて続く「南海トラフ」と呼ばれる海底の溝は、2つのプレートの境界にあたります。その2つのプレートの名前を答えなさい。

国連食糧農業機関(FAO)が認定する、自然と共生し、生物多様性を守りながら伝統的な農林水産業を行っている地域を何といいますか。

2022年9月23日に開業した西九州新幹線の区間を漢字で答えなさい。

2024年3月に延伸される北陸新幹線の区間は、金沢駅からどこの駅までですか。

2023年のトルコやモロッコでの地震は、地球表面を覆う十数枚の岩盤の運動が原因で起こったと考えられます。この岩盤を何といいますか。

2023年に生誕200周年を迎えた、「昆虫記」の著者であるフランスの博物学者の名前を答えなさい。

熱中症警戒アラート ○

気温、湿度、輻射熱 ○

金環皆既日食 ○

部分月食 ○

古川聡 ○

SLIM ○

土星 ○

大雨特別警報 ○

記録的短時間大雨情報 ○

線状降水帯 ○

顕著な大雨に関する情報 ○

キキクル ○

真夏日 ○

地球沸騰化 ○

原子力規制委員会 ○

ユーラシアプレート　フィリピン海プレート ○

世界農業遺産 ○

武雄温泉駅～長崎駅 ○

敦賀駅 ○

プレート ○

ジャン・アンリ・ファーブル ○